BIBERC

AF250157

VIE

DE

SAINT PRIVAT

ET

GUIDE DU PÈLERIN

A SA SAINTE GROTTE

Par M. l'abbé RIGAL

MISSIONNAIRE APOSTOLIQUE, CURÉ

BAR-LE-DUC

TYPOGRAPHIE DES CÉLESTINS

—

1875

VIE DE SAINT PRIVAT

ET

GUIDE DU PÈLERIN A SA SAINTE GROTTE

VIE

DE

SAINT PRIVAT

ET

GUIDE DU PÈLERIN

A SA SAINTE GROTTE

Par M. l'abbé RIGAL

MISSIONNAIRE APOSTOLIQUE, CURÉ

BAR-LE-DUC

TYPOGRAPHIE DES CÉLESTINS

—

1875

A MONSEIGNEUR SAIVET

ÉVÊQUE DE MENDE

Hommage de respect filial et de vénération profonde.

RIGAL,

Missionnaire apostolique, curé.

INTRODUCTION

Nous assistons au spectacle le plus émouvant peut-être des temps chrétiens. Quoi de plus frappant que de voir des populations entières se lever avec un ensemble sans égal, et accourir de tous les points de l'horizon, pour visiter les sanctuaires devenus les plus célèbres du monde catholique ! Jamais peut-être, même au temps des croisades, les peuples chrétiens ne furent entraînés par un mouvement plus irrésistible et plus divin.

Rien de plus beau, de plus consolant, au milieu des épreuves de l'Eglise et de son illustre Chef, que de contempler les flots de pèlerins recueillis prier avec ferveur, réciter le chapelet sans respect humain, faire entendre leurs pieux cantiques dans nos rues et

nos places, sur nos fleuves et nos
voies ferrées.

Nos malheurs, l'espérance d'un
meilleur avenir, donnent chez
nous un caractère patriotique à
ce mouvement ; mais l'impulsion
vient de plus haut, car elle ne
s'arrête pas à nos frontières. Le
même esprit religieux s'est ré-
veillé bien au loin dans les âmes :
nous avons vu les catholiques de
l'Angleterre et des deux Améri-
ques surmonter tous les obstacles,
braver les périls d'une longue na-
vigation pour venir se prosterner
avec nous à Paray-le-Monial, à la
Salette et à Lourdes.

Et ce ne sont pas seulement les
grandes cités qui ont arboré leurs
bannières, les peuples des campagnes ont suivi l'élan donné, ils
ont rivalisé de zèle et se sont mon-
trés à la hauteur de cette expression publique de nos sentiments
religieux. Dans ces manifestations

solennelles, nous trouvons une profession explicite de foi catholique, un acte significatif de protestation contre l'impiété et l'indifférence du siècle.

Outre ces pèlerinages plus universels, une infinité d'autres ont lieu, presque tous les jours, dans les divers diocèses de la catholicité, et dont l'influence bienfaisante se fait sentir de toutes parts. C'est un des moyens les plus efficaces pour raviver la foi, accroître la piété, combattre le respect humain et élever une digue puissante contre l'envahissement du mal.

Le diocèse de Mende, un des premiers, s'est associé, avec un élan admirable, à ce mouvement général, et malgré les distances et les difficultés des lieux, les pèlerinages ont pris chez nous un développement vraiment extraordinaire. Après Dieu, qui éclaire les intelligences et remue les cœurs, nous en devons la plus vive reconnaissance au Pontife éminent que la divine Providence nous a donné pour guide et pour Pasteur, au zèle bien connu du clergé paroissial, et à l'esprit de foi et de piété qui distingue nos populations.

Entre tous les sanctuaires lozériens, objet de nombreux pèlerinages, il en est un plus célèbre que tous les autres et par son antiquité et par les prodiges multipliés que le ciel daigne y opérer. La renommée de la grotte vénérée de saint Privat, sur le mont Mimat, quinze fois séculaire, a franchi depuis longtemps les limites de ce diocèse, et a attiré de nombreux pèlerins dans ce lieu béni. Parmi les plus illustres, l'histoire nous a conservé le nom de sainte Hélène, mère de l'empereur le grand Constantin.

La dévotion à saint Privat, comme bien d'autres dévotions,

n'a pas eu ses époques de nuage et de défaillance ; nous la voyons toujours florissante à travers la longueur des siècles, et la sainte grotte envahie par une foule de pèlerins.

Mais jamais plus que de nos jours, cette affluence de fidèles ne s'était produite avec autant d'éclat. Aujourd'hui ce ne sont pas seulement les nombreux pèlerins détachés qui s'y rendent de toutes parts, nous voyons encore s'acheminer vers cette montagne privilégiée les paroisses entières, avec leurs pasteurs, au chant des cantiques sacrés, et au milieu de l'enthousiasme le plus chrétien. Rien de plus émouvant que ces processions bien organisées, marchant avec le plus grand ordre et un parfait recueillement.

En composant le *Guide du pèlerin à la grotte de saint Privat,* notre unique but a été d'encourager ces dévotes pérégrinations, et de venir en aide aux pèlerins en fournissant un solide aliment à leur piété. La vie du Saint, que nous avons placée en tête de cet opuscule, fera connaître de plus en plus notre bien-aimé Patron, et accroîtra la confiance que nous avons en son puissant crédit auprès de Dieu. La neuvaine de prières ou méditations qui suit aidera les âmes peu expérimentées à se préparer à la célébration de ses fêtes ou à un pèlerinage à la sainte grotte. Enfin, arrivé au sanctuaire, objet de ses vœux, tout pèlerin sera heureux d'avoir entre les mains, avec le guide pieux, un livre de prières approprié à sa dévotion.

Daigne ce modeste labeur de nos loisirs tourner à la plus grande gloire de Dieu, à l'accroissement du culte de saint Privat, et à l'avancement spirituel de nos frères en Jésus-Christ !

VIE DE SAINT PRIVAT

ÉVÊQUE DE MENDE ET MARTYR

PATRON DE LA VILLE ET DU DIOCÈSE

CHAPITRE PREMIER.

TEMPS QUI ONT PRÉCÉDÉ L'APOSTOLAT DE SAINT PRIVAT DANS LE GÉVAUDAN.

Les ténèbres qui jusqu'ici avaient couvert de leurs ombres le berceau de l'Eglise de Mende, sont entièrement dissipées : grâce au zèle persévérant, dans le domaine des recherches historiques, de quelques-uns de nos éminents compatriotes, la lumière a jailli. Il est aujourd'hui victorieusement démontré que la religion chrétienne a été annoncée dans le Gévaudan du temps même des Apôtres. Voici ce que nous lisons à ce sujet dans le Propre récent de notre Bréviaire, approuvé par le Saint-Siége il y a peu d'années, dans la légende de saint Sévérien, au 25 janvier :

« Bien que l'injure des temps, les dévastations des guerres civiles et l'aveugle fureur des hérétiques aient fait périr des documents aussi nombreux qu'importants sur les antiquités de la très-ancienne Eglise de Mende, il reste néanmoins encore des monuments historiques du caractère le plus authentique, tels que plusieurs martyrologes et un assez grand nombre de manuscrits religieusement conservés à Mende, desquels il résulte que Sévérien, fidèle compagnon de saint Martial de Limoges dans la prédication de l'Evangile, suivit prêtre ce grand apôtre de l'Aquitaine dans ses courses à travers les montagnes de notre pays (1). Bientôt une église ayant été fondée au bourg de Mende, et placée sous le patronage de la vierge Marie, Martial, au moment d'aller visiter d'autres contrées, éleva à la dignité de pontife celui qui avait été son disciple, le compagnon de ses travaux et l'imitateur de ses vertus ; il l'ordonna et le laissa dans le pays de Gévaudan, afin qu'il gagnât à l'Evangile le peuple encore assis

(1) Saint Martial était disciple de Jésus-Christ et compagnon de saint Pierre, à Rome. C'est saint Pierre qui l'envoya dans les Gaules pour y prêcher l'Evangile.

dans les ténèbres et à l'ombre de la mort. L'autorité de nos documents est confirmée par une tradition constante très-ancienne , et à laquelle on ne peut assigner de commencement.

« On parle d'un certain petit roi, ou prince du Gévaudan, qui, ayant été converti par saint Sévérien et étant sans enfants, légua au saint évêque le pouvoir politique qu'il possédait dans le pays ; et plusieurs font remonter jusque-là l'origine de ce pouvoir que conservèrent pendant des siècles les évêques de Mende, et dont ils ne se servirent que pour répandre abondamment sur le peuple les bienfaits d'une douce et paternelle domination. On ne sait pas au juste combien de temps saint Sévérien remplit ses fonctions apostoliques, et l'on ignore absolument si sa vie précieuse devant Dieu fut consommée par le martyre, ou si le pieux pontife s'endormit dans le Seigneur d'une mort tranquille ».

Cette légende est le fruit des recherches historiques de nos savants compatriotes. Rédigée par M. Cômandré, vicaire général, d'heureuse mémoire, elle fut approuvée par la commission liturgique du diocèse présidée par Mgr Foulquier, notre savant et saint évêque.

CHAPITRE II.

APOSTOLAT DE SAINT PRIVAT.

C'est un fait incontestable acquis à l'histoire du diocèse de Mende, que saint Sévérien en a été le premier évêque. Le nom des pontifes qui ont gouverné après lui cette Eglise jusqu'à saint Privat, le plus illustre de ses successeurs, n'est pas arrivé jusqu'à nous. On sait seulement qu'il s'est écoulé un espace d'environ cent cinquante ans entre saint Sévérien et notre glorieux Martyr.

Vers le milieu du IIIe siècle, le Seigneur, dont les miséricordes sont infinies, suscita un nouveau pasteur à nos pères, encore ensevelis, pour

le plus grand nombre, dans les ténèbres de l'erreur et de l'infidélité. Il
leur envoya saint Privat pour continuer parmi eux l'œuvre divine, à
peine ébauchée, et y poursuivre les
conquêtes de la foi. Certains documents historiques le font originaire
de la Basse-Auvergne ; ils vont même
jusqu'à désigner le bourg de Coudes
comme le lieu de sa naissance. Ce
village est situé entre Issoire et Clermont-Ferrand, sur la rivière de l'Allier.

La longueur des siècles a couvert
d'un voile impénétrable les premières années de sa vie. Suça-t-il le
doux lait des premiers enseignements de la religion chrétienne au
foyer paternel, sur les genoux d'une
mère vertueuse, ou bien fut-il converti au Seigneur par un coup ex-

traordinaire de la grâce qui, d'un adorateur des idoles, en aurait fait en un instant un vase d'élection, propre à porter le nom de Dieu parmi les nations infidèles ? ce sont autant de secrets que la divine Providence s'est réservés : ici les documents font entièrement défaut. Nous aimons cependant à nous le représenter élevé dans l'amour et la crainte du Seigneur, croissant tous les jours, comme le divin Jésus, en âge et en sagesse devant Dieu et devant les hommes. Dans cette hypothèse, qui est bien celle qui se rapproche le plus de la vérité historique, nous pouvons croire qu'il se rendit digne, par une vie pure et pleine de piété, de remplir le saint et difficile ministère auquel le ciel devait un jour l'appeler. Son âme, brûlante d'amour pour le règne de son Sauveur et de son Maître, soupirait ardemment après l'extension du royaume de Jésus-Christ et le salut des âmes.

Ses saints désirs seront exaucés ; le ciel a jeté sur lui un regard de complaisance ; il l'a désigné pour être marqué du sceau des pontifes. Avec quel redoublement de ferveur il se prépare à cette faveur insigne ! Qui nous dira ce qui se passa dans cette grande âme le jour où l'imposition des mains le revêtit de la puissance même de Jésus-Christ et le marqua d'un caractère indélébile, où l'onction du saint chrême lui communiqua la plénitude du sacerdoce ? Investi de la haute mission d'évangéliser le Gévaudan, il n'hésite point. S'arrachant sans délai aux étreintes du sang et de l'amitié, disant un éternel adieu aux plaisirs et aux richesses du siècle, qu'il méprise souverainement, il s'envole vers les montagnes qui lui sont échues en partage. Son âme, toute pleine de l'esprit d'en-haut, est plus forte que la mort. Il faut que ces contrées perdues soient soumises à l'empire de Jésus-Christ, que ces barbares deviennent ses enfants en devenant les enfants de Dieu. Rien ne saurait abattre son courage : ni la distance des lieux, ni le manque de voies de communication, ni les rigueurs du climat, ni la barbarie et la dégradation de ces peuples, ni les périls de tout genre, ni les horreurs de la faim et de la soif; il brave tout pour chercher ses frères et les gagner à Jésus-Christ.

Mais quel affreux spectacle s'offre de toutes parts à ses regards à son entrée en Gévaudan! Depuis environ un siècle et demi le flambeau de l'Evangile avait bien, à la vérité, pénétré dans cette infortunée contrée; mais combien peu avaient été éclairés par ses rayons bienfaisants! Le zèle des premiers pasteurs s'était souvent brisé contre les préjugés et les passions; le nombre des fidèles était sans doute bien restreint : Satan régnait encore en souverain sur la multitude. Le veau d'or comptait partout de nombreux adorateurs : partout on voyait des édifices superbes consacrés à l'orgueil, à l'impudicité, à la vengeance. Partout le soleil avait des autels sur lesquels fumait un criminel encens. Là, on voyait couler le sang humain et les plus chères victimes expirer sous le couteau des druides, ou bien au milieu des flammes que la superstition avait allumées. Ici, la nature était outragée, l'humanité avilie par d'indignes traitements, et ces hommes, que nous verrons bientôt devenir nos pères dans la foi, ne conservaient déjà plus de l'espèce humaine que les traits du visage. La multitude des divinités égalant celle des passions, les dieux étaient presque aussi multipliés que les hommes. Quelles horreurs !

Mais quelle douleur pour le cœur de notre saint Apôtre ! Aussi le zèle de Paul ne fut pas plus enflammé à la vue d'Athènes toute païenne que celui de Privat à la vue du Gévaudan couvert de ténèbres si épaisses et souillé de tant de crimes. Brûlé d'une flamme divine, il se déclare avec tout le courage d'un apôtre contre ce chaos d'iniquités. La croix de Jésus-Christ à la main, il parcourt les villes et les campagnes, il visite les hameaux perdus au sein de sombres forêts. Partout il annonce le nom de Dieu, prêche la bonne nouvelle, explique les dogmes chrétiens, propose ses mystères adorables et les préceptes de sa divine morale. Il démontre les extravagances de la superstition, les abominations de l'idolâtrie, flétrit tous les vices, préconise les vertus, et les leçons qu'il donne, il les confirme toujours par ses exemples.

Un zèle si ardent lui suscite bientôt les plus violentes persécutions. L'enfer s'arme de toute sa rage, les démons accourent en foule à la défense de leur empire, les prêtres des faux dieux soulèvent les peuples, soufflent la haine, et tous ensemble jurent la perte du saint pasteur. Mais son courage augmente avec les persécutions, et les souffrances les plus cruelles sont pour lui le germe d'un zèle tout nouveau. C'est un feu attisé par la main qui l'agite et le combat, une plante qui s'accroît par les incisions du fer, un fleuve qui grossit par les obstacles qu'on lui oppose. Nouvel Ismaël, il attaque lui seul tous les adversaires de ses desseins, il repousse lui seul tous leurs efforts, toutes leurs fureurs à la fois. Nouvel Elie, il consume par le feu de son zèle tous les ennemis de son Dieu. Nouveau Judas Macha- bée, il détruit les temples profanes, dépouille les idoles des honneurs

usurpés de la Divinité, élève des autels au vrai Dieu, adoucit les mœurs
de ces barbares, et les prépare à la
réception des faveurs qu'il leur ap-
porte.

Si la fureur de ses ennemis le force
de s'éloigner d'un endroit, il se réfugie dans un autre, courant sans re-
lâche après les brebis égarées. Il
franchit tous les obstacles, traverse
les rivières, marche à travers les
précipices, erre dans les montagnes,
brave les périls, méprise les embû-
ches, souffre toutes les privations,
pour convertir ses frères à la foi de
Jésus-Christ.

Les rives de l'Allier, du Lot et du
Tarn n'étaient alors que d'épaisses
forêts sans chemins, remplies de
bêtes féroces; il les parcourt avec
d'incroyables fatigues, d'immenses

dangers. Il prêche à tous ceux qu'il rencontre la parole de vie, il presse, il conjure tous les pauvres habitants de ces campagnes de recevoir la grâce du salut, d'adorer en esprit et en vérité leur Créateur et leur Père.

Bien convaincu que la conversion des peuples est l'œuvre de la grâce, saint Privat ne se contentait pas de se livrer à de si grands travaux; à de si grands efforts de zèle et de charité, il employait encore d'autres moyens bien puissants pour renverser l'empire de l'idolâtrie et avancer le règne de Jésus-Christ. Les larmes, les jeûnes, les gémissements de la prière étaient les armes dont il se servait pour porter le dernier coup à l'erreur.

Tous les auteurs qui ont parlé de lui s'accordent à dire qu'il se pratiqua une grotte au sommet du mont Mimat, qui domine, au midi, la ville de Mende, et qu'il s'y retirait de temps en temps. Là, dit saint Grégoire de Tours, il répandait son âme devant Dieu en le conjurant d'éclairer lui-même les esprits, de toucher les cœurs, de verser sur son peuple la rosée de ses grâces, l'abondance de ses bénédictions. Là, il s'offrait en holocauste pour les pécheurs, en se livrant à tout ce que les rigueurs de la mortification ont de plus austère. Telle était la vie de ce saint apôtre, vie de foi et de zèle, vie de recueillement et de retraite, vie d'oraison et de pénitence.

Tant de sainteté, de sacrifices, produiront des fruits abondants de salut. Le ciel a entendu les vœux et les soupirs du saint Pasteur, il va les exaucer. Sa patience, sa douceur, son humilité, sa charité, commencent par exciter l'admiration. On ne peut se défendre d'un sentiment de respect en le voyant, et l'on se demande quel motif a pu amener d'un pays étranger un homme si vénérable, lui faire braver tant de périls, embrasser tant de travaux pour la sanctification et l'utilité d'un peuple inconnu. Un dévouement si généreux semble à peine croyable. Mais quel étonnement ne causent pas surtout ses miracles ! Comment ne pas regarder comme un envoyé du ciel celui qui commande aux éléments, et à qui les maladies et la mort même obéissent ! C'est en vain qu'on voudrait révoquer en doute les prodiges opérés par les hommes apostoliques ; ce sont des faits trop écla-

tants et trop notoires ; le changement qu'ils ont produit dans l'univers forme une époque trop remar-
quable dans l'histoire des nations,
pour qu'on puisse sans folie les relé-
guer parmi les illusions et les chi-
mères. C'est la manifeste interven-
tion de la Divinité par les opérations surnaturelles qui a subjugué
le monde rebelle et vaincu ses préjugés, sa résistance et sa haine. Ici,
comme ailleurs, on compare les œuvres de l'envoyé de Dieu avec les
prestiges de Satan, et il est facile de
discerner de quel côté sont les vrais
miracles. Dans cette lutte inégale,
comme dans celle de Moïse avec les
magiciens de Pharaon, la victoire
ne peut être douteuse ; on voit le
mensonge confondu tous les jours ;
on déserte les temples ; on ac-

court en foule autour de Privat.

On l'écoute avec attendrissement parler des miséricordes et des justices du Seigneur, des profonds conseils de sa sagesse, de l'incarnation du Verbe, de la vie future, du bonheur des justes, des éternels tourments réservés aux coupables. On apprend à goûter les préceptes sublimes du divin Législateur ; à sentir le prix de la chasteté, de la tempérance, de la charité fraternelle et de la piété véritable. On commence à mépriser les biens et les maux d'une vie passagère, pour ne désirer et ne craindre que ce qui doit durer toujours. On embrasse la foi ; on aspire à la grâce du baptême ; l'eau sacrée coule sur la tête de nombreux néophytes. L'Eglise de Mende retrace l'image apostolique de l'Eglise de

Jérusalem ; les nouveaux fidèles n'ont qu'un cœur et qu'une âme, ne s'entretiennent que de la bienheureuse espérance, ne possèdent des richesses que pour les répandre dans le sein des pauvres, ne forment des vœux que pour le martyre.

Après une victoire si éclatante sur le démon et sur l'enfer ; après une conquête si glorieuse pour le Christ et son Eglise, le calme succéda à tant de tempêtes. Le saint pasteur n'en profita que pour continuer ses travaux apostoliques, affermir dans la foi ceux qui l'avaient reçue, et ramener ceux qui hésitaient encore. Toujours vigilant et infatigable, toujours plein de zèle et de charité, il se rendait de jour en jour plus recommandable par ses prédications, par ses exemples et par toutes ses œuvres.

Bien que certains auteurs, entre autres le Père Giry, aient voulu fixer son siége à Javols, alors capitale du Gévaudan, rien n'est moins certain que ce point de son histoire, je dirai même rien de plus faux. En effet, dans toutes les fouilles qu'on a exécutées il y a peu d'années, et qu'on fait encore de temps à autre dans les ruines de cette ancienne ville, on a trouvé une foule d'objets païens et pas une seule marque de christianisme. D'un autre côté, les actes de saint Privat disent formellement que les prédécesseurs de ce saint évêque et lui ont toujours résidé à Mende, et ces actes, d'après les hommes compétents, doivent être regardés comme tout à fait dignes de foi.

C'est donc de Mende et non de

Javols qu'il se répandait dans toutes les parties de son diocèse pour visiter ses ouailles, se faisant tout à à tous, comme le grand Apôtre, pour les gagner tous à Jésus-Christ.

Tant de bien opéré pour la gloire de Dieu et le salut des âmes, enflamma bientôt l'enfer d'une nouvelle rage, et suscita au saint apôtre de nouvelles épreuves. Mais ne craignons pas pour lui, en tout et partout nous le trouverons toujours semblable à lui-même, plein de foi, de constance et de charité jusqu'à l'effusion de son sang.

CHAPITRE III.

MARTYRE DE SAINT PRIVAT.

L'heure des grandes épreuves a sonné pour Privat ; c'est maintenant que l'or va s'épurer dans le creuset. Le Seigneur couronne ordinairement les travaux des hommes apostoliques par la gloire du martyre, afin de les rendre plus conformes à Jésus-Christ, leur divin modèle.

Valérien et Gallien, son fils, occupaient alors le trône des Césars. Ces empereurs, plongés dans la mollesse et les plaisirs, tandis que leurs peuples gémissaient sous le poids des guerres et des calamités publiques, n'opposaient qu'une faible résistance aux incursions des barbares et aux

entreprises des factions. Profitant de
cette faiblesse et des divisions de
l'empire, les Allemands franchirent
le Rhin pour ravager les Gaules. Une
tribu de ces barbares, ayant à leur
tête un prince du nom de Chrocus,
pénétra jusqu'au cœur du pays, mettant tout à feu et à sang sur son passage. Après avoir ravagé le pays des
Arvernes, et détruit de fond en comble la ville de Clermont-Ferrand, ces
cruels vandales s'avancent vers le
Gévaudan. A la nouvelle de leur approche et de leurs innombrables excès, les Gévaudanais sont dans la
terreur. On se réfugie précipitam-
ment au fond des forêts et dans les
lieux les plus inaccessibles. Les prin-
cipaux de la contrée se retirent avec
toutes leurs forces sur la montagne
de Grèzes, bien résolus de s'y défen-

dre jusqu'à la dernière extrémité. Cette montagne était une forteresse inexpugnable, que la nature avait rendue inaccessible. On s'empresse de s'y fortifier et d'y accumuler des provisions abondantes, dans la perspective de la longueur d'un siége.

Cependant Chrocus est entré dans le Gévaudan. Javols, la capitale du pays, a éprouvé les effets de sa barbare fureur : son beau temple n'est plus, ses palais magnifiques sont devenus la proie des flammes, la ville entière n'est plus qu'un monceau de ruines. Apprenant que les forces de la contrée, avec leurs chefs, se sont retranchées sur une montagne d'un accès difficile, les barbares se hâtent d'aller à leur recherche, semant partout, sur leur chemin, la désolation et l'épouvante. Arrivés devant cette place forte, ils se mettent en devoir d'en faire le siége, se doutant nullement des difficultés de l'entreprise. Quand ils croient le moment favorable, ils tentent plusieurs fois l'assaut, mais en vain ; ils sont toujours repoussés : la défense est aussi vigoureuse et opiniâtre que les attaques sont vives et multipliées. Ils savent, les assiégés, qu'ils combattent pour leur foi en même temps que pour leur patrie ; c'est là ce qui décuple leur valeur et les rend invincibles.

Mais durant ce temps qu'est devenu le saint Pasteur ? Comme un mercenaire, aura-t-il lâchement abandonné son troupeau ? Gardons-nous de former sur lui un si injurieux soupçon : comme Jésus-Christ, il est allé sur la montagne mystérieuse pour prier. Tandis qu'Israël combat contre Amalec, il lève ses mains innocentes vers le ciel. C'est là que, comme le Verbe éternel dans le désert, guidé par l'esprit d'en-haut, il va se préparer au sacrifice de sa vie, en se sacrifiant entièrement lui-même à Dieu, et éprouvant sur son corps et dans son cœur tout ce que peut produire d'héroïque l'amour de Dieu le plus ardent.

A l'approche de la tempête qui allait fondre sur son cher troupeau, il s'était empressé de donner à ses enfants en Jésus-Christ les avis dont ils avaient besoin dans une situation si critique ; il avait affermi leur courage en les assurant de l'assistance divine. Pour lui, il s'était retiré dans la grotte qu'il avait coutume de fréquenter, au sommet du mont Mimat. Là, plein de la pensée de ses ouailles

et des dangers qui les menacent, il
se livre à un jeûne rigoureux, aux
macérations les plus dures, à une
prière continuelle, conjurant le Seigneur de ne pas laisser périr ceux
qu'il avait engendrés à la foi au prix
de tant de sueurs et de fatigues. Ses
vœux et ses soupirs seront exaucés ;
ils ne périront pas les enfants d'un
tel père, le ciel veillera sur eux et
leur assurera le triomphe sur leurs
ennemis.

Le siége de la montagne de Grèzes
durait depuis deux ans, et les barbares n'avançaient point dans leur
entreprise. Désespérant de la soumettre par la force des armes, ils
avisent d'un autre moyen. Le bruit
s'est répandu dans leur camp que
l'évêque des assiégés n'était point
avec eux ; qu'il vivait, à quelques

lieues de là, réfugié dans une grotte.
Ils avaient aussi entendu parler de
l'autorité dont il jouissait au milieu
de son peuple. Ils ne doutent pas
que par son entremise ils ne viennent à bout de leur faire mettre bas
les armes.

Pleins de cette idée, ils courent à
sa recherche, et finissent par décou-
vrir le lieu de sa retraite. Quel spectacle s'offre à leurs regards! Ils trouvent à genoux sur le roc un vieillard
vénérable, les yeux et les mains ten-
dus vers le ciel, ayant plutôt l'appa-
rence d'un ange que celle d'un mortel. Ils l'interrogent, et apprennent
de sa propre bouche qu'il est bien
réellement le pontife du peuple
qu'ils tiennent assiégé. Aussitôt ils
se saisissent de lui et le traînent
brutalement à leur suite. Comme le

Sauveur du monde, cette innocente victime marche au milieu des insultes, des outrages dont on l'abreuve. Arrivés sur la colline sise au pied de la montagne, ces farouches Germains s'arrêtent et découvrent au saint Pasteur la pensée qui les a portés à s'emparer de sa personne : ils veulent l'obliger à contraindre les assiégés à se soumettre et à livrer la place. « Livrer mon troupeau », répond l'intrépide Privat, « trahir mon peuple ! ah ! plutôt mille fois la mort ».

Cette réponse, digne d'un homme apostolique, met en feu les barbares ; ils tombent sur notre Saint, le frappent à coups de poings, à coups de bâtons, et le traînent, en le maltraitant ainsi, jusqu'au village de Mende.

Là, un nouveau genre de persécu-
tion est réservé à Privat. « Eh bien ! »
lui disent ces brigands, « puisque
tu te refuses à inviter ton peuple à
la reddition, tu vas sacrifier aux
dieux ». — « Que vous connaissez
bien mal le cœur d'un évêque », répond le saint confesseur, « lorsque
vous osez lui faire une pareille pro-
position ! Si je n'étais qu'un simple
chrétien, je pourrais peut-être m'oublier jusqu'à adorer vos idoles ; mais
comme pontife je me garderai bien
de me souiller d'un crime si abomi-
nable et de scandaliser mon troupeau ». — « Mais », répondent-ils,
« vos empereurs adorent bien les
dieux, ils contraignent même les
chrétiens à leur offrir de l'encens et
à leur immoler des victimes. Cesse
donc tes discours : si tu ne sacrifies,

tu vas payer de ton sang ta résistance fanatique ». — « Moi », ajoute Privat, « j'adore le Dieu du ciel, et je ne reconnais pas d'autres dieux. Ceux que vous adorez ne sont que de fausses divinités, d'impuissants simulacres, la plupart ouvrage de vos mains. Je sais que les empereurs romains les adorent, et ce sont les crimes de leur impiété qui attirent sur l'empire tant de malheurs. Pour moi, l'espérance des biens éternels me fait mépriser les supplices et les tortures. Tourmentez ce corps tant qu'il vous plaira, je ne puis me résoudre à être autre chose que ce que je suis, par la grâce du Seigneur Jésus ».

Un pareil langage redouble la fureur des tyrans : ils se jettent sur lui avec une rage que double la déception ; on le frappe à coups de fouets, à coups de bâtons, on lui brûle le corps avec des torches enflammées, on épuise sur lui tous les genres de tortures. Ses os ont été broyés par la violence des coups, son corps n'est plus qu'une plaie hideuse. Le voilà, aux pieds des bourreaux, immobile, nageant dans son sang, ne donnant plus aucun signe de vie : alors seulement la rage des barbares est assouvie, et, confus de leur défaite, ils se hâtent de rejoindre leur armée.

Mais le pasteur frappé, que va devenir le troupeau ? Adorons les desseins du Seigneur, il n'abandonne jamais ceux qui mettent en lui toute leur confiance. Les prières de Privat sont montées jusqu'au pied du trône de l'Eternel, son sang répandu a parlé éloquemment au cœur de Dieu. Tout à coup, par un changement inattendu, les Allemands ont changé de résolution : ils sentent les privations où les a réduits la longueur du siége ; ils comprennent la stérilité de leurs efforts. Désespérant de pouvoir jamais triompher de ce peuple valeureux et infatigable, ils se décident à faire des propositions de paix. Ils offrent des présents, on leur donne des vivres, à condition qu'ils vont se retirer sur-le-champ, et abandonner pour toujours le pays de Gévaudan. Ils partent, en effet, et tandis qu'ils vont porter ailleurs leurs armes, leurs dévastations et leurs brigandages, les fidèles, rendus à la liberté, courent à la recherche de leur bien-aimé Pasteur, dont ils ignoraient le malheureux sort, et aux prières duquel ils attribuaient le bienfait de leur délivrance.

Mais, oh ! douleur ! à leur arrivée à Mende, ils trouvent leur Pontife gisant sur le sol, tout couvert de sang et de plaies, respirant avec peine. Comment dépeindre leur affliction ? Représentons-nous des enfants bien nés autour de la couche d'un père tendrement aimé qui va leur dire le suprême adieu ; surtout si ce bon père meurt victime de la méchanceté d'un barbare assassin. Ils l'entourent avec le plus vif empressement. Les uns se précipitent à ses genoux, poussant des gémissements et des sanglots ; les autres l'étreignent dans leurs bras, et baisent ses meurtrissures en les arrosant de leurs larmes. Vainement ils lui prodiguent tous les soins que

leur suggère l'amour filial ; l'heure
de la récompense a sonné pour Privat, notre martyr va recevoir dans
le ciel la couronne et la palme dues
à ceux qui ont vaillamment combat-
tu les combats du Seigneur. Ses
yeux s'entr'ouvrent une dernière
fois, sa main défaillante s'élève encore pour bénir, et il expire au milieu des embrassements de ses enfants inconsolables.

On rapporte la mort de notre glorieux martyr au 21 du mois d'août
de l'année 264.

Le corps de saint Privat fut inhu-
mé par ses enfants avec tout le respect et toute la vénération qui lui
étaient dus. On le plaça dans une grotte
souterraine que les historiens disent
être la crypte qui se trouve aujour-
d'hui sous la cathédrale, entre la

chaire et le siége de Monseigneur.
Dieu rendit bientôt son tombeau célèbre, comme nous allons le dire au
chapitre suivant ; et nous verrons,
qu'après quinze siècles de prodiges,
le ciel se plaît toujours à glorifier
notre Pontife par les miracles nombreux qui s'opèrent par son intercession ; témoignage perpétuel de
l'amour et de la confiance des enfants et des bontés du père.

CHAPITRE IV.

TOMBEAU DE SAINT PRIVAT. — HISTOIRE DE SES SAINTES RELIQUES.

Après la mort de saint Privat, le ciel rendit son tombeau glorieux ; il lui continua dans la gloire la même puissance dont il l'avait investi durant sa vie apostolique, celle de faire des prodiges. Au rapport de Surius et de plusieurs autres, il s'opérait, presque tous les jours, des miracles au tombeau de notre Saint. Au bruit de tant de merveilles, les fidèles accourent de toutes parts pour se placer sous sa puissante protection et implorer son crédit auprès de Dieu. L'auteur qui a écrit sa *passion*, ouvrage d'une haute anti-

quité, raconte de nombreux miracles opérés par son intercession : les
aveugles recouvraient la vue, les
sourds l'ouïe, les paralytiques l'u-
sage de leurs membres, les boiteux
étaient redressés, les démons chas-
sés du corps des possédés ; on obte-
nait une infinité de grâces particu-
lières : grâces de conversion, de
sanctification, d'avancement spirituel, de persévérance finale.

La renommée de tant de merveilles se répandit au loin, la France
entière en retentit. Le nom de saint
Privat, dit M. l'abbé Charbonnel, a
pénétré jusqu'aux extrémités du
monde chrétien : on le trouve dans
les martyrologes les plus anciens et
dans toutes les histoires de l'Eglise.
Dans le IV° siècle, à peine cinquante
ans après le martyre de saint Privat,

nos ancêtres virent venir à son tombeau la mère du grand Constantin, l'impératrice sainte Hélène. Cette illustre princesse, connaissant la gloire de notre martyr, malgré son grand âge, ne recula pas devant les difficultés d'un si long et pénible voyage.

Dagobert Ier, roi de France, est connu d'une manière spéciale pour sa dévotion envers les saintes reliques. Il venait de faire restaurer splendidement l'église de saint Denys, à Paris. Voulant la doter, le plus possible, de reliques nombreuses et remarquables, il fit enlever, dans ce but, des églises et monastères de son royaume, les ossements des saints les plus célèbres, ce qui lui fit donner le surnom de *voleur de reliques*. Ayant entendu parler des miracles nombreux et fréquents dus à l'invocation de saint Privat, en Gévaudan, il fit enlever les reliques de ce Saint et les transporter à Saint-Denys, où elles restèrent plus de cent ans. Durant leur absence, le diocèse de Mende fut éprouvé par *des stérilités et d'autres désolations*, ce qui détermina le clergé et le peuple à en solliciter la restitution. Leurs vœux furent couronnés d'un plein succès. On chargea de l'heureuse mission d'aller chercher ce précieux trésor un saint prêtre et religieux natif de Mende, de la famille des Cloberts. A son retour, il s'opéra plusieurs miracles en diverses localités que traversèrent les saintes reliques, notamment à Orléans, à Bourges, et en d'autres lieux du diocèse de Clermont-Ferrand. Ce fut en reconnaissance de ces bienfaits que des églises furent élevées dans ces divers diocèses en l'honneur de saint Privat.

Dans le récit de cette translation, Aldebert III, évêque de Mende, parle d'un prodige étonnant : lorsque les reliques de notre patron furent en vue de Mende, à la cime du coteau de *Chaldecoste,* toutes les cloches de la ville se mirent en branle d'elles-mêmes.

Pour éviter désormais toute surprise au sujet du corps saint de notre glorieux Martyr, on le renferma dans un cercueil de plomb qu'on déposa secrètement dans une crypte de la chapelle de sainte Thècle, laquelle était située à l'endroit même où est aujourd'hui le grand clocher. L'histoire dit que les évêques seuls,

ou un membre du chapitre, possé-
daient ce secret, qui ne devait être
transmis qu'à la mort du déposi-
taire, et qu'un jour celui-ci étant
mort probablement sans avoir pu en
faire la révélation, le corps de saint
Privat était demeuré perdu. Mais,
en l'an 1170, Aldebert III, surnom-
mé *le vénérable*, dont nous avons
déjà parlé, ayant fait creuser un
puits dans l'emplacement de la sus-
dite chapelle, les ouvriers occupés à
ce travail mirent à découvert un
caveau, conservé intact, dans lequel
se trouvait un cercueil de plomb
renfermant des ossements. On ne
douta point que ce ne fût là
de précieuses reliques; et comme
celles de saint Privat, qu'on savait
être enfouies quelque part, man-
quaient depuis longtemps, il vint à

la pensée de plusieurs que ce pourrait bien être le corps de ce Saint.
On en informa immédiatement le
pieux prélat, qui se trouvait en ce
moment à Paris, et qui défendit de
toucher à rien jusqu'à son retour.

Arrivé dans sa ville épiscopale,
Aldebert se rend compte de tout par
lui-même, et enfin demeure convaincu que ces ossements ne sont
autre chose que le corps de saint
Privat, son illustre prédécesseur. Il
s'empresse d'en informer ses diocésains, et les convoque à Mende pour
le jour de l'Exaltation de la sainte
Croix, afin d'assister le lendemain à
la translation des saintes reliques.
Les pèlerins arrivèrent en si grand
nombre que l'église, la ville et le
faubourg ne purent les contenir. La
translation s'en fit avec toute la

pompe possible, au milieu de l'allégresse générale. Le saint corps fut
transporté à la cathédrale et descendu dans la crypte qui lui avait
servi primitivement de tombeau. La
tête fut placée dans un buste ou re-
liquaire préparé à cet effet, pour
l'exposer à la vénération des fidèles
dans les grandes solennités.

Cette belle relique et une partie
d'un bras sont les seules portions du
corps de saint Privat que l'église de
Mende ait le bonheur de posséder.
Des âmes pieuses, pendant le vanda-
lisme de 1793, eurent soin de soustraire ce précieux trésor à la des-
truction. Le reste du saint corps fut
brûlé par les Calvinistes en 1579,
lorsque la ville de Mende fut prise
et saccagée par les protestants, sous
la conduite de Merle, leur chef.

CHAPITRE V.

MIRACLES OPÉRÉS PAR L'INTERCESSION DE SAINT PRIVAT.

Les miracles sont le langage le plus intelligible que la Providence fasse entendre aux hommes. C'est sur les miracles que Dieu a voulu étayer sa religion, afin que la vérité, manifestée par des faits incontestables, fût sensible à tous les yeux, à ceux des savants et des simples. Aussi, depuis le grand prodige de la création, les miracles n'ont pas cessé sur la terre. On sait la majesté terrible de ceux de la loi de Moïse, et la touchante douceur de ceux de l'Evangile.

Saint Privat, qui, comme tant

d'autres saints, avait retracé, par la charité et l'humilité de ses vertus, celles du Sauveur du monde, a semblé être admis à partager la gloire de sa puissance, au point de commander à la nature et de déroger à ses lois. Cette puissance a paru même s'attacher, d'une manière toute particulière, à la poussière de sa dépouille terrestre. Les guérisons prodigieuses et les miracles éclatants opérés par la présence et la vertu de ses reliques sont innombrables; ils se continuent depuis sa mort jusqu'à nos jours, sans interruption. Nous allons en citer quelques-uns, choisis parmi un grand nombre, et dont l'authenticité ne saurait être révoquée en doute. Si nous n'en avons pas pour tous le récit détaillé et les procès-verbaux, nous avons la tradition de nos pères, qui est le plus authentique et le plus éloquent de tous les livres.

1° Dans une des premières familles du Gévaudan, il y avait un jeune homme, fils unique, que ses parents avaient trop flatté, et qui, dès son entrée dans la chevalerie, se laissa aller au désordre sans mesure. Cependant la justice divine, fatiguée de son indigne conduite, le rendit sourd et muet. Ses parents, désolés de son double malheur, eurent recours à la prière et aux bonnes œuvres. Guidés par leur foi, ils le firent conduire à Rome, aux tombeaux des saints Apôtres, recommandant à leurs serviteurs de s'arrêter, en allant et en revenant, à tous les saints lieux qui se trouveraient sur leur chemin. Cependant ce gentilhomme revint de tous ces pèlerinages sans avoir éprouvé le moindre soulagement. La douleur de sa famille était immense, et l'on était à se demander à quelle dévotion on pourrait encore le recommander, quand il lui fut dit : « Vous allez chercher bien loin ce que vous avez près de vous. Est-ce que Dieu n'opère pas les plus grandes merveilles par son illustre martyr, saint Privat ? Allez donc prier ce grand saint et vous verrez ». Les parents de cet infortuné suivirent ce conseil et se rendirent à Mende avec leur fils pour la fête du Saint, qui était proche. Le père, la mère, le fils et plusieurs de leurs amis passèrent la nuit dans la cathédrale. Au point du jour, comme le clergé finissait de chanter les *laudes*, ils se mirent à pousser des cris de douleur en voyant qu'ils n'étaient pas encore exaucés ; mais ils durent prendre patience et persévérer dans la prière. Enfin, vers les neuf heures du matin, et pendant le chant du *Gloria in excelsis*, le jeune malade se mit à trembler, tomba par terre et jeta par la bouche trois caillots de sang. On le releva, il resta quelque temps comme en extase, et, quand il recouvra ses sens, il se trouva complétement guéri, il avait recouvré l'usage de la parole et de l'ouïe (1).

2° *Miracle éclatant de saint Privat en la ville du Puy.* — Un miracle très-frappant et très-solennel eut lieu dans la ville du Puy, par l'intercession de saint Privat, au XIᵉ siècle.

(1) Actes de saint Privat, cités par M. l'abbé Charbonnel.

Les habitants de cette ville étaient livrés à toutes les horreurs de la discorde. Témoin de ces haines fratricides, Etienne de Mercœur, évêque de cette cité, après avoir épuisé toutes les ressources de sa charité pour ramener les égarés à la raison, s'arrêta enfin à la résolution de faire appel à la sagesse et aux prières de ses frères, les vénérables évêques, et il les invita à se rendre dans sa ville épiscopale. Les évêques des siéges circonvoisins se hâtèrent de se rendre à l'appel du pieux prélat, et Raymond, évêque de Mende, se mit également en mesure de faire honneur à cette invitation.

A la nouvelle que l'évêque de Mende arrive, portant avec lui les reliques de saint Privat, les habitants du Puy se forment en pro-

cession et se portent à sa rencontre.

Au milieu de la foule qui se presse
au-devant des saintes reliques, se
fait remarquer par sa piété confiante
un malheureux père qui porte entre
ses bras son enfant perclus de tous
ses membres. Il prie, il supplie saint
Privat, il approche du sacré cortége,
il demande avec larmes qu'il lui soit
permis de voir de plus près les saintes reliques. La prière et la confiance
de cet excellent père au grand serviteur de Dieu, ne furent pas vaines :
son enfant est guéri ; ses pieds re-
trouvent la souplesse et la vigueur
de la santé ; il marche, il bénit Dieu
au milieu de l'étonnement et des
acclamations de la foule. L'exemple
de ce bon père eut des imitateurs,
saint Privat entendit d'autres pres-

santes requêtes, et d'autres infirmes
trouvèrent auprès de lui la guérison.
Témoin de ces prodiges opérés sous
ses yeux, le peuple est profondément
remué, la grâce d'en haut opère
dans les cœurs, le grand malade a
prié saint Privat, et saint Privat
donne au grand malade le remède à
ses maux. Par sa puissante prière
auprès de Dieu, les rancunes s'apai-
sent, les inimitiés s'envolent, les
haines s'éteignent, la paix règne
dans les âmes, et la charité chrétienne a changé la rage du loup en
la douceur de l'agneau.

C'est pour payer cette dette d'honneur et rendre la reconnaissance publique éternelle comme les bienfaits
qui nous l'imposent, que l'Eglise,
d'accord avec la conscience du peuple, a établi la fête du patronage de

saint Privat, qui se célèbre chaque année, le dernier dimanche d'octobre.

3° Dans un écrit publié à Mende, en 1675, M. Michel Baldit, célèbre médecin de cette ville, rapporte ainsi qu'il suit plusieurs miracles opérés par la puissante intercession de saint Privat :

« Parmi les Saints auxquels Dieu, par une grâce particulière, a donné la vertu de guérir les maladies, même les plus opiniâtres, nous devons compter le grand saint Privat, évêque de Mende et martyr. Sa vertu merveilleuse à guérir les maladies a éclaté sur bien des personnes, entre autres sur M. Jacques Brunel, jadis curé de l'église paroissiale de Barjac. Cet ecclésiastique fut, par l'intercession de saint Pri-

vat, délivré d'une très-cruelle ma-
nie, contre l'espérance de tout le
monde.

« Elle éclata encore en la personne
d'un enfant de trois ou quatre ans,
fils de M. Coulon, bourgeois de
Mende. Par une terrible fluxion que
cet enfant avait éprouvée, il était
devenu bossu sur la poitrine et sur
les épaules ; il fut guéri de l'une et
de l'autre bosse par le vœu que son
père et sa mère firent au même
Saint.

« L'invocation de saint Privat ne
guérit pas seulement les maladies,
elle les détourne. Aussi, dans les
années 1629 et 1630, lorsque la peste
ravageait toute la province, nous
avons vu la ville de Mende miracu-
leusement et divinement garantie
de ce fléau, parce que saint Privat,

dévotement invoqué, faisait senti-
nelle du haut de sa grotte sacrée,
pour que la peste n'entrât pas dans
la ville ».

Nous glissons rapidement sur une
multitude de prodiges anciens, ob-
tenus par l'intercession de saint Privat. Nous arrivons immédiatement
au récit de quelques miracles mo-
dernes dont les procès-verbaux ca-
noniques se trouvent aux archives
de l'évêché.

4° Vers l'année 1794, Marie-Anne
Tondut, d'Estables-de-Randon, fut
atteinte d'un violent rhumatisme
compliqué de plusieurs autres gra-
ves affections. La réunion de tant de
maladies lui causait des douleurs
intolérables. Son état était un spectacle déchirant pour tous ceux qui
l'approchaient. M. le docteur Blan-

quel lui prodigua en vain toutes les
ressources de la médecine. Dans
cette dure extrémité, elle eut recours
à saint Privat, et se fit transporter,
quoique avec bien de la peine et
des difficultés, à la sainte grotte.
Elle assiste à la sainte messe ; à la
communion du prêtre, elle se lève,
et, sans le secours de personne, elle
va recevoir la sainte Eucharistie, au
grand étonnement de tous ceux qui
la connaissaient ; elle était complétement guérie. Ceci se passait en
1811. Depuis ce jour jusqu'à sa mort,
arrivée en 1847, à l'âge de 76 ans,
cette femme n'éprouva plus la moindre atteinte de ses anciennes douleurs.

5° Marguerite Boulet, des Bon-
dons, fut atteinte d'une violente
sciatique, à l'âge de 33 ans. Ses dou-

leurs étaient à peine tolérables, et
elle ne pouvait faire quelques pas
qu'avec le secours de deux béquilles.
MM. les docteurs Blanquet, Valen-
tin, de Mende, et Salanson, de Flo-
rac, l'envoyèrent plusieurs fois aux
eaux thermales de Bagnols et lui
prescrivirent divers traitements qui
n'eurent aucun succès. Un jour que
ses douleurs étaient excessives, Marguerite résolut de renoncer à tous
les remèdes de la terre et de n'espérer du soulagement que du ciel. Elle
mit donc en Dieu toute sa confiance
et le conjura par l'intercession de
saint Privat, de lui accorder sa guérison, s'il le jugeait expédient pour
sa gloire, ou du moins de diminuer
l'excès de ses souffrances. A cet effet,
elle fit vœu de visiter la sainte grotte
de l'Ermitage et d'y faire la sainte

communion , aussitôt qu'elle le
pourrait.

Trois ans se passent sans que son
état lui permette d'exécuter sa
pieuse résolution ; mais sa foi, son
courage l'élevant au-dessus de la
nature et lui faisant braver sa faiblesse et ses douleurs, elle se fait
monter sur un cheval, et, avec
beaucoup de temps et de peines,
elle arrive à la grotte du saint Martyr. Elle n'y a pas plus tôt fait la
sainte communion qu'elle se trouve
graduellement soulagée. Elle y revient une seconde fois, et elle sent
ses forces revenir à mesure que ses
douleurs disparaissent. Enfin, à la
troisième visite de la sainte grotte,
elle est entièrement délivrée des
faiblesses, des souffrances qui l'a-
vaient torturée pendant dix ans.

Depuis 1826 que cette guérison s'est opérée, Marguerite Boulet n'a plus ressenti la moindre atteinte de sa maladie, si aiguë, si invétérée.

6° Marie Contes, femme Rivière, des Salces, commune des Balmelles, canton de Villefort, fut saisie de douleurs très-vives au bras gauche. Elle était alors âgée de 35 ans. Il s'y forma des ulcérations que la médecine fut impuissante à guérir ; au contraire, elles s'étendirent toujours davantage. Enfin une suppuration s'établit, et **M.** Serre, médecin distingué d'Alais, jugea une opération indispensable. Cette ressource de l'art demeura sans effet ; bientôt de nouvelles tumeurs se formèrent, et tous les traitements qu'on essaya furent inutiles. Le mal empira toujours, et le docteur déclara qu'il n'y avait plus d'espoir de guérison. Marie Contes comprenait très-bien sa position critique et ne se faisait point illusion sur son état. Voyant toutes les ressources de la terre épuisées, elle s'adressa au grand médecin, à la voix duquel tout obéit dans le ciel et sur la terre ; elle fit vœu d'aller prier à la grotte de saint Privat, afin d'obtenir de Dieu, par l'intercession de ce grand saint, le rétablissement d'une santé que les hommes s'étaient avoués impuissants à lui rendre. Elle accomplit sa promesse ; c'était au mois d'avril de l'année 1854. Avant de se rendre à la sainte grotte, elle avait eu la précaution de s'assurer l'audition d'une messe, à laquelle elle communia. Puis, elle pria longtemps et avec ferveur. Bien qu'elle ne fût point exaucée, néanmoins elle se retira pleine de confiance, et n'en continua pas moins ses prières, sachant bien que le ciel met souvent les âmes à l'épreuve, et qu'il accorde à la persévérance dans la prière ce qu'il a semblé refuser d'abord. Elle ne fut point trompée dans son attente; dix jours après son pèlerinage à saint Privat, elle se trouvait complétement guérie, à l'admiration de tout le monde.

7° Nous avons trouvé dans les archives de l'évêché, pour l'année 1854, un nouveau trait du crédit de saint Privat auprès de Dieu. Mlle Martin, du Pompidou, avait essayé pendant six mois toutes les ressources de la médecine d'Alais, de Nîmes, de Marseille. M. Verdier, médecin de Barre, *y avait perdu son latin*, et M. Chevalier,

du Puy, n'avait plus d'espoir de guérison : on disait qu'il y avait ankylose
prononcée et que Mlle Martin ne
marcherait plus.

Le 21 août, jour de la fête de
saint Privat, il vint en pensée à la
malade de faire une neuvaine de
prières en l'honneur de l'illustre
Patron et Protecteur du diocèse.
A partir de ce jour, il y eut une
certaine amélioration. Plus tard,
elle fait remettre un honoraire de
messes à M. Vidal, secrétaire général de l'évêché. Le 9 novembre, la
messe demandée est célébrée à la
sainte grotte, et, dès ce jour,
Mlle Martin peut traîner sa jambe
malade. Dans la nuit du 10 au 11,
toujours du même mois et de la
même année, elle se sentit beaucoup
mieux, et le lendemain elle se leva

et marcha comme si jamais elle n'avait été estropiée.

Il serait facile de retracer ici une multitude d'autres faits qui ont excité l'admiration et la reconnaissance ; car, on n'a jamais invoqué saint Privat dans les calamités publiques, ni dans les besoins particuliers, sans ressentir les effets de sa puissante protection. Le tableau restreint que nous en avons donné suffira pour pénétrer les âmes vraiment chrétiennes d'une confiance sans bornes dans celui qui a fait, et fait encore tous les jours, descendre sur les hommes tant de faveurs célestes.

Que notre dévotion envers notre saint Patron grandisse toujours dans nos cœurs ! Que les mères de famille

le conjurent d'appeler les bénédictions du ciel sur leurs époux, sur
leurs enfants et sur elles-mêmes !
Que les enfants lui adressent les
mêmes supplications pour leurs parents et tous les membres de leur
famille !

Que les affligés et tous ceux que
les infirmités, les douleurs et les
maux accablent, recourent à sa puissante protection ; qu'ils se souvien-
nent qu'il a obtenu à tant d'autres
d'abondantes consolations, et même
la délivrance de leurs infirmités et
de leurs maladies !

Prions-le tous pour le clergé du
diocèse, pour le Pontife, son légi-
time successeur, chargé de nous diriger dans les voies du Seigneur ;
pour notre sainte mère, l'Eglise
romaine, dont les souffrances et les

persécutions se multiplient tous les
jours, dans toutes les parties du
monde ; pour l'illustre Pie IX, pontife et roi, roi martyr et glorieux :
que le Seigneur abrége ses souffrances, mette un terme à sa captivité
et fasse éclater son triomphe sur ses
ennemis !

Que les pécheurs l'invoquent avec
confiance, avec un désir sincère de
s'amender, détestant en même temps
leurs crimes, et il leur obtiendra la
grâce de leur réconciliation avec Dieu.

Nous tous, enfants de saint Privat, redoublons de zèle et d'amour
envers cet illustre père. Rendons-
nous dignes de sa protection en faisant revivre dans toute notre conduite les vertus dont il nous a donné
l'exemple. Ne nous contentons pas
de l'invoquer de loin ; si cela est en

notre pouvoir, visitons encore tous
les ans la sainte grotte qu'il a sanc-
tifiée par ses prières, ses larmes et
toutes sortes d'austérités, surtout
aux jours des manifestations publiques et solennelles. Que le respect
humain ne nous arrête point : faisons-nous gloire de nous associer à
quelqu'un de ces nombreux groupes
de pèlerins qui viennent de tous les
points du diocèse, surtout aux pèlerins de notre propre paroisse, pour
aller tous ensemble, en union de
cœurs et de prières, sur la sainte
montagne, déposer aux pieds de ses
autels et de ses saintes reliques
l'hommage de notre foi, de notre
piété et de nos vœux les plus ar-
dents. Soyons bien assurés que nous
ne quitterons jamais ce béni sanctuaire sans avoir obtenu des faveurs

extraordinaires ; nous emporterons toujours des fruits abondants de consolation et de salut.

———

CHAPITRE VI.

EXERCICES POUR UNE NEUVAINE DE PRIÈRES EN L'HONNEUR DE SAINT PRIVAT.

Pour attirer sur soi les rosées célestes, mériter des grâces abondantes, des faveurs signalées, nos cœurs doivent être comme une terre bien préparée à laquelle on doit confier une semence : faute de préparation, le ciel est pour nous d'airain, il demeure sourd à nos supplications. La prière, la pénitence, les bonnes œuvres, sont des moyens efficaces de nous rendre le Seigneur propice : Jésus-Christ les a puissamment recommandés, les Saints les ont mis en œuvre, les âmes d'élite en usen tous les jours.

Une neuvaine de prières bien faite renferme ces heureuses dispositions : on y prie d'une manière plus spéciale, on s'impose quelques sacrifices, on fait un peu plus de bien ; le cœur se détache des créatures et se porte naturellement vers le Créateur, auteur de tous les dons. C'est pourquoi nous proposons aux personnes qui veulent visiter la grotte vénérée de saint Privat, soit par dévotion, soit pour demander quelque grâce (et quel est celui qui n'a rien à demander ?), de s'y disposer par une neuvaine de prières bien fervente. Sans dérangement sensible, on peut vaquer à cette importante pratique ; l'expérience démontre que les fruits en sont abondants. A cet effet, nous donnons ci-après une série de lectures qui tiendront lieu de sujet de méditation pour tous les jours de la neuvaine : lectures propres à raviver la foi, ranimer la ferveur, exciter la confiance, réchauffer l'amour divin dans les cœurs, et, par conséquent, à nous rendre plus dignes des grâces que nous voulons solliciter du Seigneur par l'entremise de saint Privat, notre puissant protecteur. Après la méditation, ou bien dans la journée, on pourra réciter les litanies du Saint, ainsi que la prière qui suit : *O grand saint Privat*, etc. Nous recommandons l'audition de la sainte messe tous les jours, et la sainte communion, selon l'avis de son confesseur.

Pour les personnes moins capables ou ignorantes, nous allons leur donner une méthode simple et facile pour faire fructueusement leur neuvaine. Cette méthode, nous l'empruntons à un homme sage et expérimenté, l'abbé Rabeyrolle, d'heureuse mémoire, ancien vicaire général de ce diocèse.

« 1° Les personnes qui ne sont ni malades, ni infirmes, entendront, durant neuf jours et consécutivement, s'il se peut, la messe en l'honneur de saint Privat, pour remercier Dieu des faveurs dont il l'a comblé, et demander, par son intercession, les grâces spéciales qu'on désire obtenir ».

« 2° Les personnes qui savent lire réciteront, après la messe, les litanies de saint Privat avec la prière : *O grand saint Privat*, etc. »

« 3° Si le confesseur le juge convenable, on communiera au commencement ou à la fin de la neuvaine, et, s'il se peut, en la commençant et en la finissant, ou même plus souvent ».

« 4° Les personnes qui ne savent pas lire réciteront, pendant ou après la messe qu'elles entendront en l'honneur de saint Privat : 1° les actes de foi, d'espérance, de charité et de contrition ; 2° dix *Pater*, dix *Ave*, dix *Gloria Patri*, et dix fois cette invocation : *Saint Privat, priez pour nous* ».

« 5° Les malades pourront faire la neuvaine dans leur lit, les infirmes dans leur maison, en s'unissant au saint sacrifice de la messe d'esprit et de cœur, en offrant à Dieu leurs souffrances, en récitant, tous les jours de la neuvaine : dix *Pater*, dix *Ave*, dix *Gloria Patri*, et dix fois l'invocation : *Saint Privat, priez pour nous* ».

Nota. On a remarqué que c'est principalement dans la grotte où saint Privat est spécialement vénéré (la chapelle la plus haute), et pendant le saint sacrifice de la messe, qu'un grand nombre de personnes ont obtenu des faveurs célestes, et même des guérisons miraculeuses. Voilà pourquoi il est à propos, durant la neuvaine ou à la fin, de visiter, s'il se peut, cette chapelle vénérée, d'y entendre la sainte messe et d'y faire la sainte communion. Quand on ne pourra monter à l'ermitage, il suffira de visiter la chapelle dédiée à saint Privat, à la cathédrale.

MÉDITATIONS.

Préparation à la méditation.

ORAISON PRÉPARATOIRE.

Faites-moi la grâce, ô mon Dieu, que, pendant cette méditation, toutes les pensées de mon esprit, toutes les affections de mon cœur, toutes les opérations de mon âme, tendent purement et pleinement à votre service et à votre gloire.

PRÉSENCE DE DIEU.

Pensez que Dieu vous voit, que tout le ciel est attentif à ce que vous allez faire. Entrez dans un grand recueillement : gardez-vous de vous distraire, de vous dissiper.

Je suis en votre sainte présence,

ô mon Dieu! elle m'environne de toutes parts. Vous lisez jusqu'au plus intime de mon cœur; vous en distinguez tous les mouvements, toutes les affections. Je vous adore comme mon Créateur et mon souverain Maître. Je m'anéantis devant votre adorable majesté. Je m'unis aux esprits célestes pour publier avec eux vos grandeurs. Mais, qui suis-je, Seigneur, pour oser mêler mes adorations à celles de ces esprits si purs? Malheureux que je suis! je vous ai outragé en mille circonstances : mes péchés se sont multipliés au-delà du nombre des cheveux de ma tête. Je suis un misérable, un grand criminel! Mais vous êtes le Dieu de toute bonté, de toute miséricorde; vous êtes témoin de ma douleur; oubliez mes offenses, et rendez-moi digne de me présenter devant vous.

Daignez encore, ô mon Sauveur ! m'accorder la grâce de bien faire ma méditation, afin que j'en tire tout le fruit que vous y avez attaché. Dissipez les ténèbres de mon esprit, éclairez mon intelligence, fondez la glace de mon cœur. Je ne puis rien de moi-même, secourez ma faiblesse en m'accordant l'assistance de votre divin Esprit.

PREMIER JOUR.

Bienfaits de la foi.

La foi nous fait connaître Dieu ; elle nous donne sur la Divinité les notions les plus élevées et les plus pures. Avant que la foi éclairât le monde de ses rayons bienfaisants, les hommes étaient plongés dans les plus épaisses ténèbres, victimes des préjugés et de l'erreur. Le vrai Dieu était méconnu, les fausses divinités étaient multipliées à l'infini ; les vices les plus abominables recevaient les hommages dus au Seigneur ; en un mot, dit un grand évêque, tout était dieu, excepté Dieu lui-même.

Tel était encore l'état de dégradation dans lequel se trouvait plongée la plus grande partie des habitants du Gévaudan, quand saint Privat apparut sur nos montagnes. Plein de zèle pour le salut de ces âmes infortunées, il leur annonce la bonne nouvelle de l'Evangile. Il leur montre, régnant majestueusement dans la gloire, ce grand Dieu unique, existant en lui-même de toute éternité.

par qui tout a été créé, qui dirige
tout avec sagesse et à qui tout se
rapporte. Il leur parle de sa bonté,
de ses récompenses, de l'immolation de son Fils pour la rédemption
des hommes. Il leur vante les vertus
chrétiennes, leur en montre les charmes, leur en fait goûter les douceurs, et aux clartés du flambeau
de la foi, il réforme leur esprit et
leur cœur. Ils rompent avec un
passé dégradant, brûlent ce qu'ils
avaient adoré, entrent résolûment
dans le bercail de Jésus-Christ, et
adorent Celui qu'ils avaient ignoré
jusque-là, et peut-être blasphémé.

Que notre sort a été bien diffé-
rent ! Dieu nous a fait naître dans
le sein de son Eglise. A notre entrée
dans la vie, nous sommes devenus
enfants de Dieu, frères de Jésus-

Christ et ses cohéritiers dans la gloire. Nous avons sucé le lait de la vraie doctrine ; nous avons grandi à l'abri de mille dangers, protégés et fortifiés par la vertu des sacrements : nos espérances sont immenses, pleines d'immortalité.

Quels effets tant de grâces ont-elles produits sur nous ? Où est la reconnaissance que nous en avons témoignée à Dieu ? Hélas ! nous n'avons répondu à tant d'amour que par une coupable indifférence, peut-être par l'ingratitude la plus noire...

Soyez à jamais béni, ô mon Dieu, de la grandeur et de l'excellence de vos dons. Vous m'avez fait pour un incompréhensible bonheur, et vous m'avez mis dans la voie sûre et aisée qui y conduit. Je me jette à vos pieds, plein de douleur et de regret

pour l'abus que j'ai fait de vos bienfaits. Faites-moi la grâce de réparer
tant d'années perdues, et de com-
mencer maintenant à vivre pour
vous et à répondre, par la ferveur
de ma pénitence et la pureté de ma
vie, à la générosité de votre amour.
Ainsi soit-il.

Pater, Ave.

Saint Privat, priez pour nous.

Nota. On peut, immédiatement
après la méditation, réciter les litanies de saint Privat avec la prière
qui les suit : *O grand saint Privat,*
etc., ou bien renvoyer ces prières à
un autre moment de la journée :
ceci dépend des occupations de chacun, et de l'état de santé aussi dans
lequel on se trouve.

IIᵉ JOUR.

Effets de la foi dans saint Privat.

Préparation à la méditation : comme ci-dessus,
au premier jour.

Animé d'une foi vive, d'une charité ardente, saint Privat fit de son cœur le sanctuaire de la vertu, de sa bouche l'interprète de la vérité, de toute sa conduite l'expression fidèle de l'Homme-Dieu.

La foi lui fit abandonner ses biens, ses parents, sa patrie. Elle le fit triompher des erreurs du monde, lui fit mépriser ses douceurs et braver ses menaces. Elle l'éleva au-dessus de l'horreur des tourments, de la rage des bourreaux et de la mort même.

« Sacrifie aux idoles », lui disait-on, « sans quoi tu vas trouver la mort au milieu des tortures ». — « Vous pouvez me tourmenter », répondait-il, « je ne suis homme que pour mourir : mais je suis chrétien, et je le suis pour mourir en faisant la volonté de mon Dieu. Frappez, déchirez, brûlez, immolez mon corps si vous le voulez, mon âme est à l'abri de vos fureurs : elle est à mon Créateur, et la grâce qui m'anime la rendra triomphante ».

C'est ainsi qu'il parle, et les tyrans ont beau prononcer son arrêt de mort, les bourreaux ont beau préparer sous ses yeux les instruments de son supplice, ils ont beau le couvrir de plaies et de meurtrissures, ils ont beau le briser de coups, son courage est inébranlable : il accepte la mort comme un bienfait, et, en échange de cette misérable vie, il reçoit la couronne d'immortalité, de bonheur et de gloire.

Nous sommes les enfants de saint Privat, nous avons hérité de sa foi ; mais cette foi est-elle dans nous, comme dans lui, vive et agissante ? En faisons-nous les œuvres ? Sommes-nous disposés à tout sacrifier, à tout souffrir plutôt que de la perdre, plutôt même que de nous exposer à la perdre ? Si, pour la conserver, la défendre, il fallait, à l'exemple de saint Privat, souffrir le martyre, trouverait-on en nous des martyrs ou des apostats ?

O glorieux saint Privat, Dieu s'est servi de vous pour faire briller à nos yeux le flambeau de la foi ; c'est de vous que nous avons reçu ce précieux héritage. Ah ! veillez toujours du haut du ciel sur ce sacré dépôt ! Obtenez de Dieu qu'il ne nous soit jamais enlevé. Ne permettez pas qu'une Eglise que vous avez établie, et qui vous honore comme son protecteur et son défenseur, soit jamais victime des fureurs de l'erreur, du mensonge et du vice. Ainsi soit-il.

Pater, Ave.

Saint Privat, priez pour nous.

IIIe JOUR.

La prière.

Préparation à la méditation : comme ci-dessus, au premier jour.

La prière est une élévation de notre esprit et de notre cœur à Dieu pour lui rendre nos devoirs, lui exposer nos besoins et lui demander les grâces qui nous sont nécessaires.

La prière est pour nous un devoir et un besoin ; un hommage et une demande que nous adressons à Dieu ; une nécessité et un avantage. Qui sommes-nous ? Qui nous nourrit ? Qui nous conserve ? N'est-ce pas Dieu ? Nous devons donc reconnaître sa grandeur infinie, notre profonde bassesse et notre dépendance absolue ; lui rendre grâce pour ses bienfaits, et lui demander pardon de nos fautes ; lui exprimer notre respect et notre amour, et lui consacrer toutes nos actions. Or, c'est par la prière que nous remplissons ces indispensables obligations.

Mais si nous pensons à nos misères, nous sentirons encore bien plus cet impérieux devoir. Depuis le péché d'Adam, nous sommes sujets à l'ignorance, à la concupiscence, aux maladies et à la mort. Notre esprit, sans secours surnaturel, est comme un aveugle sans guide ; notre corps est presque toujours en état de souffrance. O mon Dieu ! que deviendrions-nous, si, dans une situation si déplorable, nos esprits et nos cœurs ne s'élevaient vers vous, vers le trône de vos miséricordes ? Jésus-Christ savait bien que nous avions besoin de la grâce divine pour faire le bien, éviter le mal et mériter la vie éternelle. Voilà pourquoi il a recommandé *de prier toujours*, de demander afin de recevoir.

La prière, dit saint Augustin, c'est la clef du ciel ; elle en ouvre les portes et met à notre disposition tous les trésors célestes. Celui qui prie ne périra pas ; il obtiendra tout ce qu'il demandera. Mais pour que

la prière produise ces heureux effets,
elle doit être revêtue de certaines
conditions.

D'abord nous devons prier avec
humilité. A qui parlons-nous dans
la prière ? Qui sommes-nous pour
nous adresser à l'infinie Grandeur ?
Une seconde condition de la prière
efficace, c'est la confiance. Dieu ne
refuse rien à une foi vive et ardente.
Demandez avec confiance, dit saint
Jacques, *et n'hésitez point.* Qui s'est
jamais adressé en vain au Seigneur ?
Selon le conseil de l'Apôtre, *allons
nous jeter avec confiance au pied du
trône de sa miséricorde*, et nous sommes bien assurés d'être exaucés.
Gardons-nous de nous fatiguer dans
nos demandes ; la persévérance est
une troisième condition de la prière
bonne. *Il faut prier toujours*, a dit le

Maître, *et ne jamais se lasser*. Demandons surtout au nom de Jésus-Christ, notre Sauveur, notre Médiateur et notre Pontife éternel.

Donnez-moi, mon Dieu, l'amour de la prière. Que mon esprit et mon cœur s'élèvent souvent vers vous. Pénétrez-moi des dispositions qui la rendent efficace. Que je ne me lasse jamais de vous demander les grâces qui me sont nécessaires et que vous ne refusez jamais à ceux qui vous invoquent avec persévérance. Sainte Marie, saint Privat, tous nos saints Patrons, intercédez pour nous auprès du Seigneur. Ainsi soit-il.

Pater, Ave.

Saint Privat, priez pour nous.

IVe JOUR.

La ferveur.

Préparation à la méditation : comme ci-dessus,
au premier jour.

La ferveur est l'âme de la piété,
la flamme divine de la charité : elle
est une source de grâces et de mérites et un gage de persévérance. La
ferveur épure nos intentions et nos
sentiments, nous anime du zèle le
plus vif pour tout ce qui regarde le
service de Dieu, nous rend très-
dociles à la voix de la grâce, nous
inspire de constants et généreux
efforts pour le bien. Le chrétien fer-
vent est plein d'amour pour Dieu,
de courage et d'ardeur pour son
avancement, et agit en toutes choses
avec la plus parfaite pureté d'inten-

tion. Aussi Dieu se plaît-il à répandre sur lui ses plus abondantes bénédictions.

L'âme fervente, fidèle aux inspirations de la grâce, s'enrichit tous les jours de grands mérites. Elle remplit ses devoirs avec générosité ; dans toute sa conduite, elle se laisse diriger par les motifs les plus purs ; elle agit toujours pour Dieu ; elle prie, travaille, se délasse, parle ou se tait pour faire sa sainte volonté, et il lui suffit de connaître ce que Dieu exige d'elle pour l'accomplir. Point de négligence, point de langueur. Le cœur n'est ni froid, ni partagé entre le Créateur et la Créature, entre le devoir et le plaisir. La ferveur donne un zèle infatigable, qui ne s'affaiblit pas et fait faire des progrès constants dans le bien.

La ferveur est encore une source de paix et de bonheur. *Mon joug est doux et mon fardeau léger*, a dit le Sauveur. Que cette divine parole est surtout vraie pour les âmes ferventes ! Quand on aime, rien n'arrête, rien n'est dur ou pénible. L'âme fervente est remplie de consolation et de bonheur, au milieu même des sacrifices les plus pénibles à la nature. L'onction de la grâce lui adoucit les plus cruelles épreuves ; elle a en part une douce paix, une joie délicieuse. Faisons-en l'expérience, et nous serons convaincus de cette vérité.

Seigneur, allumez dans mon cœur ces ardeurs célestes de la charité, ce feu qui consume et purifie. Qu'ai-je fait jusqu'à présent ? Combien de jours de ma vie ai-je passés dans votre amour ? Etait-ce vous aimer que de vous servir avec tiédeur et lâcheté, de commettre si aisément et si souvent des fautes contre votre sainte loi ? Je veux désormais faire oublier mes langueurs et mes négligences et vivre dans une généreuse ferveur. Ainsi soit-il.

Pater, Ave.

Saint Privat, priez pour nous.

<hr>

Vᶜ JOUR.

Les souffrances.

Préparation à la méditation : comme ci-dessus, au premier jour.

La vie de l'homme sur la terre est, pour ainsi dire, une souffrance continuelle : son premier cri est un gémissement, son premier accent une plainte, sa première sensation une douleur, et c'est en versant des larmes qu'il fait son entrée dans le monde. Plus tard, les passions le tyrannisent, l'intérêt le domine, l'ambition le poursuit, les travaux le consument, les infirmités l'accablent et, pour terme de tant de maux, il trouve la mort, le plus inévitable et le plus terrible de tous.

Ainsi, visités, dès le berceau, par la peine et la douleur, c'est à travers les souffrances que nous arrivons au tombeau. Aucune classe n'en est exemptée : riches et pauvres, savants et ignorants, rois et sujets, justes et pécheurs, ici tous subissent le même sort. Le Fils de Dieu a souffert, les saints ont souffert ; nous ne saurions non plus nous soustraire aux larmes, à la douleur.

Mais n'oublions pas que la souf-

france est le creuset au fond duquel
l'âme s'épure, s'affermit en Dieu, et
reçoit la connaissance de sa valeur.
A des yeux purement humains ,
toutes les afflictions qui viennent
briser la vie sont comme un mal ir-
réparable ; mais à des yeux chrétiens, elles sont, au contraire, ce
grand travail, plein de fruits et de
mérites , pour lequel nous avons
l'existence ; elles sont la tâche humaine, le chemin de l'avenir qui
conduit à la patrie. Oui, dans la
croix est le salut ; dans la croix, la
vie ; dans la croix, la protection
contre nos ennemis ; dans la croix,
la force d'âme ; dans la croix, la
joie de l'esprit, la consommation de
la vertu, la perfection de la sainteté.

Au lieu de murmurer, quand la
tribulation nous visite , bénissons

Dieu de ce qu'il veut bien nous réveiller de notre assoupissement, et nous arracher à l'amour du siècle ! Le temps est court, et il nous importera peu, à l'heure de la mort, qu'il ait été doux ou amer. Faisons notre œuvre ; ne nous effrayons pas de la lassitude, afin que, le moment de la distribution du salaire étant venu, nos mains soient pleines des gerbes de la moisson, ces pesantes gerbes des douleurs résignées, des afflictions soumises , des renoncements généreux, des larmes sanctifiées, des désespoirs contenus.

Adorable Jésus, vous avez souffert pour moi ; dois-je me plaindre si je souffre quelque chose pour vous ? Ne dois-je pas, au contraire, m'estimer heureux d'avoir cette ressemblance avec vous ? Je souffrirai donc,

ô mon Dieu ! je souffrirai toute ma vie, s'il le faut ; je souffrirai sans me plaindre, avec patience et résignation. Vous soutiendrez ma faiblesse par votre grâce. Heureux si, après toutes les afflictions d'une vie coupable, je puis avoir part au bonheur de vos élus. Ainsi soit-il.

Pater, Ave.

Saint Privat, priez pour nous.

VIe JOUR.

Conformité à la volonté de Dieu.

Préparation à la méditation : comme ci-dessus, au premier jour.

Rien de plus grand, de plus sublime que la suprême volonté de Dieu. Jésus-Christ a fixé sur ce point nos jugements, quand il nous a ordonné de dire au Père céleste en lui offrant l'hommage de nos prières : *Que votre volonté s'accomplisse sur la terre comme dans le ciel.* Dans le ciel, les Anges et les Saints adorent et bénissent cette divine volonté qui les a couronnés de gloire et les enivre des délices les plus pures.

En nous invitant à demander que la volonté du Père céleste fût accomplie sur la terre comme dans le ciel, Jésus-Christ a prétendu sans doute élever en même temps nos pensées, et nous apprendre, par l'exemple des Anges et des Saints, quelle est la grandeur de cette souveraine volonté, quels trésors de mérites nous pouvons acquérir en nous y soumettant, et quel est l'aveuglement de ceux qui osent la contrarier ou s'y soustraire.

Et notre adorable Sauveur, quelles

instructions et quels exemples ne
nous a-t-il pas laissés sur l'excellence de la volonté de son Père et
sur les droits qu'elle a à nos hommages? Dès son entrée dans le
monde, il s'est écrié : *Mon Père, les
sacrifices de la loi ne vous sont points
agréables ; mais vous m'avez donné un
corps, et je viens pour accomplir votre
volonté.* Dans toutes les époques de
sa vie, il n'a fait aucune démarche,
proféré aucune parole qui ne fût di-
rigée à l'accomplissement des desseins de son Père céleste. A chaque
page de son Evangile, il répète que
son aliment est de faire la volonté de
Celui qui l'a envoyé ; que c'est pour
obéir à ses ordres qu'il est descendu
du ciel ; que sa mission consiste à
faire et à enseigner ce qui est de son
bon plaisir. Et dans cette doulou-

reuse cène où le calice d'amertume lui fut présenté, il n'eut d'autre appui que le sentiment de sa soumission : *O mon Père,* dit-il alors, baigné d'une sueur de sang, *que votre volonté se fasse, et non la mienne.* C'est cette divine volonté qui le porta à s'immoler sur la croix pour notre salut.

Une âme fidèle peut-elle méditer sur ce grand modèle de toutes les vertus sans concevoir les plus hautes idées de Dieu et de sa suprême volonté? Peut-elle refuser de dire, dans toutes les occasions, dans toutes les circonstances : O mon Père, qui êtes aux cieux, que votre volonté s'accomplisse toujours sur moi !

Nous devons vouloir ce que Dieu veut; rien de plus juste, de plus raisonnable, de plus nécessaire, que de faire en tout sa sainte volonté. Cette volonté est toujours sainte, éclairée, infaillible, tandis que la nôtre est aveugle, déréglée, inconstante, sujette à errer. Nous devons vouloir ce que Dieu veut, et tout ce qu'il veut sans exception ; le vouloir comme il le veut, et parce qu'il le veut. Sentiments sublimes, source ineffable de tous les biens !

O volonté suréminente du Père céleste ! je vous adore. Vous êtes la volonté unique à laquelle je serai toujours soumis. Dans toutes mes démarches je consulterai le bon plaisir de mon Père et de mon Dieu, afin que sa sainte volonté s'exécute en moi, dès cette vie, comme elle s'accomplit éternellement dans le ciel.

Ainsi soit-il.

Pater, Ave.
Saint Privat, priez pour nous.

VIIe JOUR.

Recours à l'intercession de la sainte Vierge et des Saints.

Préparation à la méditation : comme ci-dessus, au premier jour.

Une des plus douces croyances de la religion catholique est cette liaison qui existe entre le ciel et la terre, entre l'Eglise triomphante et l'Eglise militante, entre ceux qui possèdent Dieu dans la lumière éternelle et ceux qui souffrent et travaillent encore dans les ombres *de la vallée de larmes.*

Une voix intime nous dit, et la foi nous le révèle, que ceux qui ont habité la terre avant nous, qui ont subi nos vicissitudes et nos combats, qui en connaissent les douleurs, les périls et les épreuves, s'intéressent à nous, prient pour nous, et, de même que Jésus-Christ nous a appliqué les mérites de sa Passion et de sa mort, offrent aussi pour notre salut, au Père souverain, les mérites de leurs vies passées.

Entre ces êtres bienheureux, il en est un, élevé au-dessus des autres, dont l'image pure, suave, radieuse entre toutes, inspire la confiance, l'espérance et l'amour. Chaque douleur, chaque tentation, lui ont donné un nom sous lequel elles l'invoquent plus spécialement : « Mère de douleurs ! Mère de la sainte espérance ! Mère des divines grâces ! Mère de la chasteté ! Porte du ciel ! » Et, en l'appelant ainsi de ces glorieux noms, elle sait qu'on lui dit : Mère des douleurs, assistez-nous dans notre détresse ! Mère de la sainte espérance, dans l'humiliation de nos péchés, nous osons encore implorer votre médiation, nous nous confions en vous ! Mère des divines grâces, laissez tomber sur nous des grâces de salut ! Mère de la pureté, protégez notre innocence ! Porte du ciel, attendez-nous sur le seuil redoutable de la vie, et introduisez notre âme dans le séjour de la félicité ! C'est ainsi que l'on prie de tous les points du monde.

Sur le Calvaire, au moment de la consommation du grand sacrifice, l'Homme-Dieu nous l'a donnée pour mère. Quel présent magnifique ! Il a voulu que nous eussions auprès de lui une vierge, une femme, une mère, pour lui porter nos hom-

mages et lui présenter nos supplications. Qui ne se jetterait avec confiance et espoir dans votre sein, ô
Marie, mère du bel amour! Vous
êtes bonne et secourable. C'est vous
qu'on prie dans les angoisses de
la vie : elles sont, hélas! si multipliées et si poignantes!

O bonne Mère, ne m'abandonnez
pas, venez à mon aide. Daignez prê-
ter votre concours à notre illustre
Patron, saint Privat, pour m'obtenir de Jésus-Christ, votre cher Fils,
les grâces que je sollicite en ce moment. Souvenez-vous surtout de moi
à l'heure décisive : aidez-moi à fran-
chir le temps avec espérance. Soule-
vez mon âme des abîmes de ce
monde pour la porter, renouvelée
par le repentir, purifiée par l'amour,
pardonnée par votre intercession,

dans la gloire de Dieu qui règne dans tous les siècles. Ainsi soit-il.

Pater, Ave.

Saint Privat, priez pour nous.

VIIIᵉ JOUR.

Imitation de Jésus-Christ.

Préparation à la méditation : comme ci dessus, au premier jour.

C'est une nécessité indispensable pour le chrétien de retracer dans sa conduite la vie de Jésus-Christ ; c'est à l'imitation de ce grand et sublime modèle qu'est attaché le salut. Vérité bien digne de fixer toute notre attention. Voici à cet égard l'enseignement de saint Paul : *Tous ceux que Dieu a prévu par sa prescience éternelle devoir être du nombre de ses élus, il les a en même temps pré-*

destinés pour être conformes à l'image de son Fils, Jésus-Christ. C'est à produire en nous cette divine ressemblance qu'aboutit tout ce que fait le Père céleste dans l'ordre de la grâce et de la gloire. C'est pour cela qu'il a envoyé son Fils au monde, qu'il a voulu qu'il se fît homme, afin que, s'étant rendu semblable à nous, nous eussions plus d'inclination et de facilité à nous rendre semblables à lui. C'est à cela qu'aboutissent tous les bienfaits dont Dieu nous comble, toutes les grâces dont il nous prévient, toutes les lumières qu'il nous communique, tous les commandements qu'il nous fait, tous les conseils qu'il nous donne ; c'est à cela que se rapporte toute notre vocation à la foi. « Personne », dit saint Cyprien, « ne mérite de porter le nom de chrétien, s'il n'est, autant qu'il le peut, le parfait imitateur de Jésus-Christ.

L'obligation est absolue ; mais où est la ressemblance ? quel sujet de nous humilier et de nous confondre ! quelle opposition entre la vie de Jésus et la nôtre ! Jésus-Christ était humble, et nous sommes remplis d'orgueil et de vanité ; il fuyait les honneurs terrestres, et nous cherchons à nous élever ; il a été un modèle de patience dans les tourments de sa passion, et nous sommes emportés pour les moindres contradictions ; il a pardonné à ses bourreaux, et nous sommes vindicatifs ; il s'est refusé les plaisirs les plus légitimes, et nous nous permettons peut-être les plus dangereux ; il a mené une vie dure, laborieuse, austère, et nous ne sommes occupés qu'à contenter la nature et à mettre notre souverain bonheur dans une vie douce, molle et sensuelle. Oserons-nous bien, après cela, nous glorifier d'être disciples de Jésus-Christ?

O mon Dieu! que cette opposition de ma conduite avec le divin original que vous avez tracé dans la personne de votre Fils est bien propre à déchirer mon cœur et à m'arracher des larmes. Qu'en sera-t-il de mon salut?

Seigneur, ne me rejetez pas. N'êtes-vous pas le Dieu des miséricordes? Je mets en vous toute ma confiance, je me repose sur vos mérites infinis, résolu de retracer en moi, à l'avenir, les vertus dont vous m'avez donné un si parfait exemple. Ainsi soit-il.

Pater, Ave.
Saint Privat, priez pour nous.

IXᵉ JOUR.

Amour de Dieu.

Préparation à la méditation : comme ci-dessus, au premier jour.

Aimer Dieu... c'est-à-dire aimer ce qui est infini, ce qui est parfait, ce qui est stable, ce qui est éternel... remonter à la source unique de toute beauté, de toute puissance, de toute grandeur, devrait-ce donc être un précepte, et n'est-ce point une immense humiliation que cette loi d'amour qu'il a été nécessaire de nous imposer ?

Eh bien ! malgré cette loi, nos cœurs s'en vont à la recherche des créatures, des choses qui s'évanouissent et passent, en nous laissant cette lie amère de tristesse, qu'on appelle le désenchantement.

Dévoyés dans nos ardeurs, nous nous écartons du centre d'adoration pour lequel seul nous avons été créés, qui, seul aussi, convient et peut suffire à nos transports. Au lieu de remonter à Dieu lui-même, nous descendons à son œuvre, nous nous attachons follement à elle, comme si les déceptions, les troubles, les angoisses, n'étaient pas liés indissolublement à toutes les affections humaines.

Quoique fort imparfait, l'homme ne peut pourtant aimer que la perfection, et voilà pourquoi tout ce qui semble, en un point, toucher à la perfection, s'approcher de ce type de beauté divine qui rayonne dans toute beauté matérielle , excite en lui de confuses ardeurs. Plus l'âme s'élève, et plus cette soif de perfection la tourmente, jusqu'à ce qu'elle se tourne vers Dieu qui les résume toutes. Oui, ce n'est qu'en Dieu, dans son saint amour, que notre cœur sera rassasié.

Heureux, dit le pieux auteur de l'*Imitation*, celui qui comprend ce que c'est que d'aimer Dieu et de se mépriser soi-même à cause de Dieu ! Il faut que notre amour pour lui nous détache de tout autre amour, parce que Dieu veut être aimé par-dessus toutes choses. Celui qui s'attache à la créature tombera comme elle et avec elle ; celui qui s'attache à Dieu sera pour jamais affermi.

Comprenons enfin combien il est insensé d'attacher notre cœur à ce qui passe, et combien sont vaines ces amitiés de la terre, qui s'en vont avec les années et les intérêts. Aimons Dieu sans partage ; aimons-le comme il nous aime et comme il veut être aimé.

La mesure de notre amour pour lui, dit saint Bernard, est de l'aimer sans partage.

Oui, mon Dieu, je vous aime, je désire de vous aimer de tout mon cœur, de toute mon âme et de toutes mes forces. Non content de vous aimer moi-même, je voudrais vous faire aimer de tout l'univers ; je voudrais embraser tous les cœurs, attirer à vous tous les êtres. Seigneur, je voudrais vous aimer de l'amour même dont vous nous aimez. Voilà mon cœur, il n'est plus à moi, vivez-y, régnez-y à jamais, et faites-y régner éternellement un éternel amour. Ainsi soit-il.

Pater, Ave.

Saint Privat, priez pour nous.

CHAPITRE VII.

INDULGENCES

Accordées par les SS. Pontifes à ceux qui visitent
la grotte de saint Privat, à l'Ermitage.

1° Par un bref, en date du 23 janvier 1788, Pie VI accorde une indulgence plénière pour le troisième dimanche après Pâques, et pour le 21 août, à tous ceux qui visiteront les trois chapelles de l'Ermitage de Saint-Privat.

2° Par un autre bref du même pape, il a été accordé une indulgence plénière, à perpétuité, pour tous les vendredis du Carême, à tous ceux qui visiteront les trois susdites chapelles.

Nota. Ces deux brefs sont les seuls qui exigent la visite des trois anciennes chapelles, c'est-à-dire la grotte proprement dite, la petite chapelle qui est au dessous, et le calvaire : les autres brefs que nous .allons rapporter ne demandent qu'une seule visite dans une des trois chapelles, au choix des pèlerins. Toutefois, bien qu'une seule visite suffise pour gagner les indulgences, nous invitons les fidèles, lorsque le temps et les circonstances le leur permettront, à ne pas se retirer sans avoir prié quelques instants dans chacune des trois chapelles. Ainsi le faisaient nos pères, et ils en retiraient de grands avantages.

3° Par un bref, en date du 1er juin 1825, Léon XII accorde une indulgence plénière, deux fois par mois, à tous ceux qui visiteront une des trois chapelles de l'Ermitage. Pour gagner ces indulgences, Mgr de la Brunière désigna le deuxième et le quatrième jeudi de chaque mois, à l'exception du mois d'août ; durant ce mois, elles sont fixées au 25 et au 28.

4° Il y a encore indulgence plénière à l'Ermitage : 1° le 21 août, fête de saint Privat, ou un des jours de l'octave ; 2° tous les dimanches du mois de septembre. (Bref de Léon XII, 13 septembre 1826.)

5° Sa Sainteté Pie IX accorde une indulgence plénière pour le 22 août, jour anniversaire de la consécration de la chapelle dédiée à la sainte Vierge, à tous ceux qui visiteront ce sanctuaire situé à l'Ermitage. (Bref du 25 septembre 1850.)

6° Pie IX a accordé une indulgence plénière une fois par an, au choix de chacun des fidèles qui visiteront la grotte de saint Privat. (4 juin 1867. Ce bref n'est valable que pour 10 ans : mais, grâce à la sollicitude des Evèques, ces faveurs sont toujours renouvelées.)

7º Par un bref, en date du 1ᵉʳ décembre 1834, Grégoire XVI accorde une indulgence plénière, fixée au dernier dimanche des mois de décembre, janvier et février, à tous ceux qui visiteront la chapelle de la cathédrale dédiée au martyr saint Privat.

NOTA. Pour gagner les indulgences plénières, comme sont toutes celles que nous venons d'énumérer, il faut être sincèrement contrit, s'être confessé, avoir communié ce jour-là (n'importe dans quelle église), visiter avant le coucher du soleil les églises ou oratoires dont la visite est prescrite, et y prier quelque temps selon l'intention du souverain Pontife. En général, les intentions des souverains Pontifes, en accordant des indulgences plénières, sont celles-ci : l'exaltation de la sainte Eglise romaine, l'extirpation des hérésies, la concorde entre les princes

chrétiens. Les prières qu'on doit réciter, à cet effet, ne sont pas désignées :
on dit qu'il suffit de réciter cinq *Pater*
et cinq *Ave,* et nous sommes de cet
avis.

CHAPITRE VIII.

OFFICES DE SAINT PRIVAT.

IVᵉ DIMANCHE APRÈS PAQUES.

Invention et translation des reliques de saint Privat.

MESSE

INTROÏT.

Le Seigneur est mon aide et mon protecteur : mon cœur a mis en lui son espérance, et j'ai été secouru ; et ma chair a comme refleuri ; c'est pourquoi je l'en louerai de toute mon âme. Alleluia, alleluia. Ps. Chantez au Seigneur un cantique nouveau, parce qu'il a fait des prodiges en votre faveur. Gloire. Le Seigneur.

ORAISON.

O Dieu, qui nous avez donné pour protecteur saint Privat, votre martyr et votre pontife, réveillez en nous cette piété que respirent encore ses précieux restes, et préservez-nous par ses prières de toute adversité : par Notre-Seigneur Jésus-Christ.

MÉMOIRE DU DIMANCHE.

O Dieu, qui unissez les fidèles dans une même volonté, accordez à votre peuple la grâce d'aimer ce que vous commandez et de désirer ce que vous promettez, afin que, dans l'instabilité des choses du monde, nos cœurs demeurent fixés là où se trouvent les véritables joies : par Notre-Seigneur Jésus-Christ.

Lecture de l'Épître de l'apôtre saint Paul aux Romains. C. VIII.

Mes frères, les souffrances de la vie présente n'ont point de proportion avec la gloire qui sera un jour manifestée en nous. Aussi toutes les créatures attendent-elles avec un ardent désir la manifestation de cette gloire réservée aux enfants de Dieu. Elles sont présentement assujéties à une condition vaine, non de leur gré, mais elles la subissent à cause de Dieu qui la leur a imposée, dans l'espérance qu'elles seront elles-mêmes affranchies de cet asservissement à la corruption, pour participer à la liberté et à la gloire des enfants de Dieu. Car nous savons que, jusqu'à cette heure, toute créature gémit et souffre comme les douleurs de l'enfantement, et non-seulement le reste des hommes, mais nous aussi, qui possédons les prémices de l'Esprit-Saint, nous gémissons en nous-mêmes, dans l'attente de l'adoption de nos corps.

Alleluia, alleluia. Les yeux du Seigneur sont attachés sur les justes, et ses oreilles sont ouvertes à leurs prières.

Alleluia. Le Seigneur garde exactement tous leurs os : pas un ne pourra être brisé. Alleluia.

Suite du saint Evangile selon saint Luc.
C. X.

En ce temps-là, Jésus dit à ses disciples : Qui vous écoute, m'écoute ; qui vous méprise, me méprise. Et qui me méprise, méprise Celui qui m'a envoyé. Or, les soixante-douze disciples, pleins de joie, revinrent auprès de Jésus, en disant : Seigneur, les démons eux-mêmes nous sont assujétis en votre nom. Jésus leur répondit : Je voyais Satan tomber du ciel comme un éclair ; je vous ai donné le pouvoir de fouler aux pieds les serpents et les scorpions, et toute la puissance de l'ennemi ; rien ne pourra vous nuire. Toutefois, ne vous réjouissez pas de ce que les esprits mauvais vous sont soumis, mais réjouissez-vous plutôt de ce que vos noms sont écrits dans le ciel.

OFFERTOIRE.

Dieu faisait des miracles extraordinaires par son entremise, jusque-là même que les mouchoirs et les linges qui avaient touché son corps, étant appliqués aux malades, ils étaient guéris de leurs maladies. Alleluia.

SECRÈTE.

Nous vous rendons, Seigneur, l'hommage de notre dépendance, et nous vous supplions humblement par les suffrages du bienheureux Privat, votre martyr et votre pontife, en l'honneur de qui nous vous offrons ce sacrifice de louanges, de conserver en nous les dons que vous nous avez accordés : par Notre-Seigneur Jésus-Christ.

MÉMOIRE DU DIMANCHE.

O Dieu, qui par la communication de votre adorable sacrifice, nous avez rendus participants de votre souveraine divinité, faites, s'il vous plaît, que, comme nous connaissons votre vérité, nous ayons soin d'y conformer nos cœurs : par Notre-Seigneur Jésus-Christ.

COMMUNION.

Relevons la gloire de notre Saint, qui fut l'appui de sa nation, le soutien de son peuple : ses ossements ont été visités et ont prophétisé après sa mort. Alleluia.

POSTCOMMUNION.

Seigneur Jésus, daignez avoir pour agréables les actions de grâces que nous vous rendons, après avoir été nourris du pain de vie ; et afin que vous viviez toujours en nous, accordez-nous, par l'intercession du bienheureux Privat, votre martyr et votre pontife, la grâce de vivre toujours en vous, ô Sauveur du monde, vous qui vivez, etc.

VIE DE S. PRIVAT.   8*

MÉMOIRE DU DIMANCHE.

Assistez-nous, Seigneur notre Dieu, afin que,
par ces mystères que nous avons reçus avec
foi, nous soyons purifiés de nos souillures et
délivrés de tous les périls : par Notre-Seigneur
Jésus-Christ.

AUX IIes VÉPRES.

Les quatre premiers psaumes du Dimanche, p. 190.
le cinquième : Credidi, *p.* 133.

HYMNE.

Sacratos rabies quos modo torserat,
Gemmas qui superent, sedula colligit
Hos artus pietas, servat et ultimis
    Munus nobile sæculis.

Hoc nos ergo caput, nos venerabile
Os illud meritis figimus osculis,
Nobis unde fides, unde fidelibus
    Fluxit gratia cordibus.

Sacro spirat adhuc vertice sanctitas ;

Hæc nos grandiloquo lingua silentio,
Quamvis muta, docet. Vox ubi deficit,
   Sanguis providus insonat.

Hic nos assidue præco loquens monet,
Quam sudore sibi, quam sibi sanguine
Palmam quæsierit ; cœlica pectora
   Ne torpor gravis occupet.

Ferro posse mori si modo non datur,
Castis posse datur vivere moribus.
Audax hostis adest ; sed superis venit
   Victrix gratia sedibus.

Patri maxima laus, maxima Filio ;
Amborumque sacro maxima Flamini,
Qui dat martyribus mille neces pati
   Et per funera vincere.
   Amen.

℣. Justus ut palma florebit.
℟. Sicut cedrus Libani multiplicabitur.

AU MAGNIFICAT.

Ant. Dicit Dominus ossibus his : Ecce ego intromittam in vos spiritum, et vivetis. Alleluia.

L'Oraison, comme ci-dessus, à la messe.

21 AOUT.

**Fête de saint Privat, patron du diocèse
et de la ville de Mende.**

(Double de 1re classe.)

AUX I^{res} VÊPRES.

(Comme aux secondes Vêpres.)

Les quatre premiers psaumes du Dimanche, p. 190.

Laudate Dominum, omnes gentes ; laudate
cum, omnes populi :
Quoniam confirmata est super nos misericordia
ejus, et veritas Domini manet in æternum.
Gloria Patri, etc.

AU MAGNIFICAT.

Ant. Ecce super montes pedes evangelizantis
et annuntiantis pacem. Celebra, Juda, festivita-
tes tuas, et redde vota tua.

L'Oraison, comme ci-dessous, à la messe.

A LA MESSE.

INTROÏT.

Il annonça tout ce que le Seigneur avait dit, et il fit des miracles devant le peuple, et le peuple crut. *Ps.* Nous vous louerons, ô Dieu ! nous louerons votre nom, nous l'invoquerons et nous raconterons les merveilles qu'il a opérées. Gloire. Il annonça.

ORAISON.

Dieu puissant qui, par la prédication du bienheureux Privat, votre martyr et votre pontife, avez fait passer à la lumière admirable de l'Evangile des peuples ensevelis dans les ténèbres de l'infidélité, faites que, par son intercession, nous croissions de plus en plus dans la grâce et la connaissance de Notre-Seigneur Jésus-Christ, votre Fils, qui vit et règne.

ÉPÎTRE.

Lecture de l'Epître de l'apôtre saint Paul aux Corinthiens. II C. XII.

Mes frères, je n'ai été en rien inférieur aux plus éminents d'entre les Apôtres, encore que je ne sois rien. Aussi vous ai-je donné des marques de mon apostolat par une patience à l'épreuve de tout, par des signes, des prodiges et des miracles. Or, en quoi avez-vous été inférieurs aux autres Eglises, si ce n'est que je ne vous ai point été à charge. Pardonnez-moi le tort que je vous ai fait en cela. Voici la troisième fois que je me prépare pour aller vous voir, et ce sera encore sans vous être à charge; car c'est vous que je cherche et non votre bien, puisque ce n'est pas aux enfants à en amasser pour leurs pères, mais aux pères à le faire pour leurs enfants. Aussi, pour ce qui est de moi, je donnerais très-volontiers tout ce que j'ai, et je me donnerais encore moi-même pour le salut de vos âmes.

GRADUEL.

Il s'est élevé comme un feu, et ses paroles brûlaient comme un flambeau ardent : ses miracles lui ont acquis une grande gloire. ℣. Plein de zèle pour le salut des élus de Dieu, il invoqua le Très-Haut, et le Dieu grand et saint l'exauça.

Alleluia, alleluia. ℣. Sa gloire est grande pour l'œuvre du salut ; vous le revêtirez d'éclat

et de majesté, car vous l'avez établi la source
des bénédictions pour tous les temps. Alleluia.

ÉVANGILE.

Suite du saint Évangile selon saint Marc.
C. XVI.

En ce temps-là, Jésus dit à ses disciples :
Allez partout le monde prêcher l'Evangile à
toute créature. Celui qui croira et sera baptisé
sera sauvé ; mais celui qui ne croira point sera
condamné. Voici les miracles que feront ceux
qui auront reçu la foi : ils chasseront les démons en mon nom ; ils parleront de nouvelles
langues ; ils manieront les serpents ; s'ils boi-
vent quelque breuvage mortel, il ne leur fera
point de mal ; ils imposeront les mains sur les
malades, et les malades seront guéris.

OFFERTOIRE.

La droite du Seigneur a fait éclater sa puissance ; la droite du Seigneur m'a élevé ; je ne
mourrai point, mais je vivrai, et je raconterai
les œuvres du Seigneur.

SECRÈTE.

Bénissez, Seigneur, l'offrande que nous présentons à votre divine Majesté, dans ce jour où nous célébrons la fête du bienheureux Privat ; et faites qu'en vous rendant de dignes actions de grâces pour le don ineffable de la foi qu'il a dilatée en nous, nous recherchions de tout notre cœur ce qui fait l'objet de notre croyance, et que nous y conformions nos œuvres : par Notre-Seigneur Jésus-Christ.

COMMUNION.

Le Seigneur a versé sur le juste ses bénédictions ; il l'a rendu grand et redoutable à ses ennemis ; et il a lui-même apaisé les monstres par sa parole.

POSTCOMMUNION.

Daignez conserver, Seigneur, par la salutaire vertu de ces mystères, les effets de votre miséricorde parmi le peuple fidèle, et faites que, par l'intercession du bienheureux Privat, votre martyr et votre Pontife, nous nous attachions de plus en plus à vos enseignements : par Notre-Seigneur Jésus-Christ.

AUX IIes VÊPRES.

*Les quatre premiers psaumes du Dimanche. p. 190
et le psaume* Laudate, *p. 128.*

Ant. 1. Evangelii factus sum ego minister secundum operationem virtutis Dei.

2. Nihil vereor, dummodo consummem cursum meum et ministerium verbi quod accepi a Domino Jesu.

3. Dixit rex : Quare non adoras Bel ? Qui ait : Non colo idola manufacta, sed viventem Deum, qui creavit cœlum et terram.

4. Rex, accensus ira, in hunc crudelius desæviit ; et hic mundus obiit, per omnia in Domino confidens.

5. Commendo vos Deo et verbo gratiæ ipsius : et hoc oro, ut charitas vestra magis ac magis abundet.

Credidi propter quod locutus sum,* ego autem humiliatus sum nimis.

Ego dixi in excessu meo : * omnis homo mendax.

VIE DE S. PRIVAT.   9

Quid retribuam Domino, * pro omnibus quæ retribuit mihi ?

Calicem salutaris accipiam, * et nomen Domini invocabo.

Vota mea Domino reddam, coram omni populo ejus : * pretiosa in conspectu Domini mors sanctorum ejus.

O Domine, quia ego servus tuus ; * ego servus tuus, et filius ancillæ tuæ.

Dirupisti vincula mea : * tibi sacrificabo hostiam laudis, et nomen Domini invocabo.

Vota mea Domino reddam in conspectu omnis populi ejus, * in atriis domus Domini, in medio tui Jerusalem.

CAPITULE.

Omne quod natum est ex Deo, vincit mundum : et hæc est victoria quæ vincit mundum, fides nostra.

HYMNE.

Insignis in cœlo Patris
Lætis honorem vocibus
Cantemus, et, festo die,
Decor triumphi splendeat.

Virtute divina potens,
Despexit armatas manus,
Almamque nostris finibus
Sudore firmavit fidem.

Humana quid non pectora
Valent, supernæ gratiæ
Spirante flatu fervido !
Ruit potestas dæmonum.

Crucem, neces para, ferox
Tyranne ; cædibus fidem
Delere tenta ; pulchrior
Crescet, vigebit cordibus.

Beata tellus, quam Pater
Fuso sacravit sanguine,
Fructus perennes edocens
Sinu feraci fundere.

Invicte Pastor, tu gregem
Amore dilectum sacro,
Per tuta ducens pascua,
Ad astra pandisti viam.

Throno sedenti proximus
Agno, tuos non deserens

Rogas benignum, et invidi
Cadunt draconis impetus.

Da, Christe, tanti militis
Pugnare terris æmulos;
Da quod supernis sedibus
Tenet, mereri præmium.

Uni sit et trino Deo
Suprema laus, summum decus,
De nocte qui nos ad suæ
Lumen vocavit gloriæ.
Amen.

℣. Justus ut palma florebit;
℟. Sicut cedrus libani multiplicabitur.

AU MAGNIFICAT.

Ant. Ut filios meos charissimos moneo; nam in Christo Jesu per Evangelium ego vos genui; rogo ergo vos, imitatores mei estote, sicut et ego Christi.

L'Oraison, comme ci-dessus, à la messe.

LE DERNIER DIMANCHE D'OCTOBRE.

Fête du patronage de saint Privat.

A LA MESSE.

INTROÏT.

O Dieu, vos voies sont toutes dans la sainteté. Quel Dieu est aussi grand que notre Dieu? Vous êtes le Dieu qui opérez des merveilles. Vous avez fait connaître parmi les peuples votre puissance. *Ps.* Le Seigneur est grand et digne de toute louange, dans la cité de notre Dieu, et sur sa sainte montagne. Gloire. O Dieu.

ORAISON.

O Dieu, qui avez fait connaître, par des miracles sans nombre, que vous agréez l'invocation de vos saints, daignez accorder à vos serviteurs qui célèbrent le patronage du bienheureux Privat, votre martyr et votre pontife, la grâce d'éprouver que ses prières ont auprès de vous, en leur faveur, le même pouvoir qu'elles ont eu pour leurs ancêtres : par Notre-Seigneur Jésus-Christ.

ÉPÎTRE.

Lecture du 1ʳᵉ livre des Rois, c. II.

Elie monta au ciel dans un tourbillon. Elisée le voyait monter, et s'écriait : Mon père, mon père, vous le char d'Israël et son conducteur. Après cela, il ne le vit plus ; et prenant ses vêtements, il les déchira en deux. En même temps il leva de terre le manteau qu'Elie avait laissé tomber, revint sur ses pas et s'arrêta sur le bord du Jourdain. Et avec ce manteau qu'Elie avait laissé tomber pour lui, il frappa les eaux qui ne se divisèrent point. Où est donc maintenant le Dieu d'Elie ? dit alors Elisée. Et frappant les eaux une seconde fois, elles se partagèrent d'un côté et d'un autre, et il passa au travers.

GRADUEL.

Après sa mort, il a prophétisé : il a fait des prodiges pendant sa vie, et des miracles après sa mort. ℣. C'est le Seigneur qui a opéré par lui ces merveilles qui sont dignes de notre admiration.

Alleluia, alleluia.

℣. Que le nom du Seigneur soit béni dans tous les siècles, comme il l'a été dès le commencement ; parce que la sagesse et la force sont à lui. Alleluia.

ÉVANGILE.

Suite du saint Evangile selon saint Marc.
C. XXI.

En ce temps-là, Jésus dit à ses disciples : Ils se saisiront de vous ; ils vous entraîneront dans les synagogues et dans les prisons, et vous amèneront devant les rois et les gouverneurs, à cause de mon nom : et cela vous servira pour rendre témoignage. Gravez bien cette pensée dans votre cœur, de ne point préméditer ce que vous devez alors répondre ; car je vous donnerai moi-même des paroles et une sagesse à laquelle tous vos ennemis ne pourront résister, et qu'ils ne pourront contredire. Vos pères, vos mères, vos frères, vos parents, vos amis vous livreront, et plusieurs d'entre vous seront mis à mort. Vous serez haïs de tout le monde à cause de mon nom : néanmoins, pas un cheveu de votre tête ne se perdra ; c'est par votre patience que vous posséderez vos âmes.

OFFERTOIRE.

Une foule nombreuse accourait des villes voisines, apportant des malades, et ils étaient tous guéris.

SECRÈTE.

Accordez-nous, Dieu tout-puissant, la grâce de vous plaire par l'offrande que nous vous faisons en l'honneur du bienheureux Privat, votre martyr et votre pontife, et faites qu'en y participant, nous recevions nous-mêmes un accroissement de vie : par Notre-Seigneur.

COMMUNION.

Les marques de mon apostolat ont paru parmi vous dans les prodiges et dans les effets extraordinaires de la puissance divine.

POSTCOMMUNION.

O Seigneur, notre Dieu, faites qu'après avoir participé à vos sacrés mystères, nous soyons délivrés, par l'intercession de saint Privat, votre martyr et votre pontife, de tous les dangers qui menacent l'âme et le corps : par Notre-Seigneur.

AUX IIes VÊPRES.

Les quatre premiers psaumes du Dimanche, p. 190,
le cinquième : Credidi, p. 133.

Antiennes des IIes Vêpres de la fête de saint Privat.

AU MAGNIFICAT.

Ant. Extendebat manum suam super ægros, et recedebant ab eis languores, et spiritus nequam egrediebantur.

Oraison, comme à la messe.

CHAPITRE IX.

PRIÈRES PENDANT LA SAINTE MESSE.

—

OFFRANDE DE LA SAINTE MESSE.

Père céleste, qui avez aimé le monde jusqu'à livrer votre Fils unique pour le salut de nos âmes, je me présente à la face des saints autels pour assister à l'immolation non sanglante de son corps et de son sang. Faites-moi la grâce d'y apporter le respect, l'attention et la dévotion que demande un si saint et si redoutable mystère.

Je m'unis au prêtre et à toute votre Eglise pour vous offrir ce sacrifice dans les mêmes intentions que Jésus-Christ s'est proposées en l'instituant et quand il vous l'a offert.

Je vous l'offre donc pour vous honorer et vous glorifier comme mon Dieu et mon souverain Seigneur, pour vous remercier de tous vos bienfaits, pour obtenir le pardon de mes péchés et solliciter de votre bonté infinie toutes les grâces qui me sont nécessaires pour l'âme et pour le corps.

Par sa vertu toute-puissante, daignez, ô mon Dieu! recevoir dans votre paix éternelle les âmes des fidèles qui sont morts dans la foi et qui souffrent encore loin de vous dans les flammes du purgatoire. Ainsi soit-il.

QUAND LE PRÊTRE EST AU BAS DE L'AUTEL.

Seigneur, n'entrez pas en jugement avec moi, je suis trop misérable! Et qui peut être trouvé juste à vos yeux? O mon Père! je me reconnais bien coupable; je confesse devant vous, devant l'auguste Marie toujours vierge, devant les bienheureux Apôtres Pierre et Paul, et en présence de tous vos

Saints, que j'ai beaucoup péché, que
j'ai été ingrat et rebelle en mille ma-
nières, par mes affections, mes pensées, mes paroles, mes actions et mes
omissions. J'ai péché par ma faute,
oui, par ma faute, par ma très-grande
faute et sans excuse ; car votre grâce
ne m'a jamais fait défaut. Mais n'êtes-
vous pas le Dieu de toute miséricorde ?
le bon Pasteur qui abandonne son
troupeau pour courir, à travers le désert, après une seule brebis égarée ?
Ne m'avez-vous pas appris que tout le
ciel est dans la joie pour le retour et
la pénitence d'un seul pécheur ? Ne
méprisez donc pas un cœur contrit et
humilié. Accordez-moi le pardon et la
rémission de tous mes péchés. Notre
secours est dans le nom du Seigneur,
qui a fait le ciel et la terre. O mon
Dieu ! vous avez créé toutes choses ;
vous pouvez donc créer en moi un
cœur pur et renouveler au fond de

mes entrailles l'esprit de droiture et de justice.

A L'INTROÏT.

O Dieu clément et miséricordieux ! daignez écouter favorablement ma prière ; et, sans avoir égard à la multitude et à l'énormité de mes péchés, éclairez mon esprit, embrasez mon cœur du feu de votre divin amour, afin que je sois moins indigne d'assister aux sacrés mystères. Jetez les yeux sur Jésus-Christ, votre Fils bien-aimé, qui va s'offrir en sacrifice pour nous ; et, à la vue de cette auguste Victime, suspendez votre juste colère, oubliez nos offenses et rendez-nous votre amitié.

Gloire au Père, au Fils et au Saint-Esprit, à présent et toujours, comme dès le commencement et dans les siècles des siècles. Ainsi soit-il.

AU KYRIE ELEISON.

Dieu qui nous avez créés, ayez pitié de nous !

Dieu qui nous avez rachetés, ayez pitié de nous !

Dieu qui sanctifiez les âmes, ayez pitié de nous !

GLORIA IN EXCELSIS.

Gloire à Dieu dans le ciel, et paix sur la terre aux hommes de bonne volonté. Nous vous louons, Seigneur, nous vous bénissons, nous vous adorons, nous vous glorifions, nous vous rendons de très-humbles actions de grâces, dans la vue de votre grande gloire, vous qui êtes le Seigneur, le souverain Monarque, le Très-Haut, le seul vrai Dieu, le Père tout-puissant.

Adorable Jésus, Fils unique du Père, Dieu et Seigneur de toutes choses, Agneau envoyé de Dieu pour effacer les péchés du monde, ayez pitié de nous, et, du haut du ciel, où vous régnez avec votre Père, jetez un regard de compassion sur nous. Sauvez-nous, vous êtes le seul qui le puissiez, Seigneur Jésus, parce que vous êtes infiniment saint, infiniment puissant, infiniment adorable, avec le Saint-Esprit, dans la gloire du Père. Ainsi soit-il.

ORAISON.

Accordez-nous, ô mon Dieu ! par l'intercession de la bienheureuse Vierge Marie, de saint Joseph, de nos saints anges gardiens, de nos saints patrons, de tous les saints et saintes du paradis, et particulièrement du saint dont nous honorons aujourd'hui la mémoire, toutes les grâces que votre ministre vous demande pour lui, pour nous et pour la sainte Eglise. Accordez-nous encore le don de prière, le pardon de nos péchés, la victoire

sur nos passions, votre saint amour,
la charité à l'égard du prochain, les
vertus propres à notre état et la persévérance finale, qui est un pur don de
votre infinie bonté.

Exaucez-nous, Seigneur, par Jésus-
Christ, votre saint Fils, qui vit et
règne avec vous dans les siècles des
siècles. Ainsi soit-il.

A L'ÉPÎTRE.

Épître de saint Paul aux Romains, C. XII, 9.

« Mes Frères, que votre charité soit
vraie et sincère. Ayez le mal en horreur et attachez-vous au bien. Aimez-
vous mutuellement d'un amour vraiment fraternel : Soyez pleins d'honneur et de déférence les uns pour les
autres. Gardez-vous de toute lâcheté
dans l'accomplissement de vos devoirs ;
conservez-vous dans la ferveur de
l'esprit, vous souvenant que c'est le
Seigneur que vous servez. Réjouissez-

vous dans votre espérance ; soyez patients dans les maux , persévérants dans la prière ; charitables pour soulager les nécessités des saints, prompts à exercer l'hospitalité. Bénissez ceux qui vous persécutent ; bénissez-les, et gardez-vous de les maudire. Soyez dans la joie avec ceux qui sont dans la joie, et pleurez avec ceux qui pleurent. Tenez-vous toujours unis dans les mêmes sentiments et les mêmes affections. N'aspirez point à ce qui est élevé, mais accommodez-vous à ce qui est de plus bas et de plus humble. Ne soyez point sages à vos propres yeux. Ne rendez à personne le mal pour le mal. Ayez soin de faire le bien, non-seulement devant Dieu, mais aussi devant les hommes ».

PENDANT LE GRADUEL.

Que nos cœurs s'épanchent en présence du Seigneur ; que les larmes coulent de nos yeux le jour et la nuit : élevons nos mains vers le ciel. O mon Dieu ! pardonnez à vos enfants, ne laissez pas tomber votre héritage dans l'opprobre ; sauvez-nous, et nous ne cesserons jamais de chanter vos miséricordes.

A L'ÉVANGILE.

Suite du saint Evangile selon saint Jean,
C. xv, 1.

« En ce temps-là, Jésus dit à ses disciples : Je suis la vraie vigne, et mon Père est le vigneron. Il retranchera toutes les branches qui ne portent point de fruit en moi, et il émondera toutes celles qui portent du fruit, afin qu'elles en portent davantage. Vous êtes déjà purs, à cause des instructions que je vous ai données. Demeurez en moi et moi en vous. Comme la branche ne saurait porter du fruit d'elle-même

et sans demeurer attachée au cep de
la vigne, il en est ainsi de vous autres,
si vous ne demeurez en moi. Je suis
le cep de la vigne, et vous en êtes les
branches. Celui qui demeure en moi
et en qui je demeure, porte beaucoup
de fruit, car vous ne pouvez rien faire
sans moi. Si quelqu'un ne demeure
pas en moi, il sera jeté dehors comme
un sarment inutile : il séchera, et on
le ramassera pour le jeter au feu et le
brûler. Si vous demeurez en moi et
que mes paroles demeurent en vous,
vous demanderez tout ce que vous
voudrez, et il vous sera accordé. C'est
la gloire de mon Père que vous rap-
portiez beaucoup de fruit et que vous
deveniez mes disciples. Comme mon
Père m'a aimé, je vous ai aussi aimés.
Demeurez dans mon amour. Si vous
gardez mes commandements, vous demeurerez dans mon amour, comme
j'ai moi-même gardé les commande-

ments de mon Père et que je demeure dans son amour ».

CREDO.

Je crois en un seul Dieu, Père tout-puissant, qui a fait le ciel et la terre, les choses visibles et invisibles ; et en un Seigneur Jésus-Christ, Fils unique de Dieu, né de Dieu son Père avant tous les siècles : Dieu de Dieu, lumière de lumière, vrai Dieu de vrai Dieu ; engendré et non créé, consubstantiel à son Père, et par qui tout a été fait. Qui est descendu du ciel pour l'amour de nous et pour notre salut : qui s'est incarné, par l'opération du Saint-Esprit, dans le sein de la Vierge Marie, et qui s'est fait homme. Je crois aussi que Jésus-Christ a été crucifié pour l'amour de nous sous Ponce-Pilate ; qu'il a souffert la mort, et qu'il a été enseveli ; qu'il est ressuscité le troisième jour, suivant les Écritures ;

qu'il est monté au ciel, et qu'il est assis à la droite de son Père; qu'il viendra encore une fois sur la terre avec gloire pour juger les vivants et les morts, et que son règne n'aura point de fin.

Je crois au Saint-Esprit, Seigneur et vivifiant, qui procède du Père et du Fils, qui est adoré et glorifié avec le Père et le Fils, et qui a parlé par les prophètes. Je crois une Eglise, sainte, catholique, apostolique ; un baptème institué pour la rémission des péchés ; et, plein de confiance en la miséricorde de mon Dieu, j'attends la résurrection des morts et la vie éternelle. Ainsi soit-il.

OFFERTOIRE.

O Dieu infiniment bon, de qui vient tout don parfait, à qui tout appartient dans le ciel et sur la terre, daignez agréer l'offrande volontaire que je vous fais de tout ce que je possède et de tout ce que je suis. Je veux être à vous pour toujours ; je veux vous servir, vous obéir et m'immoler sans cesse à votre gloire. Recevez-moi , Seigneur, avec l'oblation sainte de votre précieux corps, que je vous offre en ce moment, en présence des anges qui assistent invisiblement à ce Sacrifice, et faites qu'il porte des fruits de salut pour moi et pour tout votre peuple.

Ne me refusez pas, ô mon Sauveur ! daignez m'accepter, me changer, me bénir, me sanctifier. Retracez dans mon cœur votre sainte image que j'ai tant de fois défigurée par mes iniquités ; changez mes inclinations vicieuses en un heureux penchant qui me fasse aimer la vertu ; détruisez en moi le péché avec autant de promptitude que vous allez détruire ces substances dont il ne restera plus que les apparences sensibles. Que je devienne, par

le secours de votre grâce, digne de
vous posséder sur la terre et de régner
éternellement avec vous dans le ciel.

SECRÈTE.

O Dieu infiniment bon et infiniment
saint, répandez sur moi les effusions
salutaires de votre grâce. Effacez dans
mon cœur jusqu'aux moindres vestiges
du péché. Ne permettez pas que mon
âme périsse avec celle des méchants ;
elle est le prix de votre Sang divin. Si
je n'ai pas marché dans l'innocence,
délivrez-moi de mes fautes, et rendez-
moi digne de m'approcher de vous
avec confiance.

A LA PRÉFACE.

Elevez-vous, ô mon âme ! prenez les
ailes de la prière et du désir pour aller
où vous appelle le Dieu qui va s'immoler pour vous. Quittez la terre, ses
vaines agitations, ses sollicitudes in-

quiètes ; jetez-vous dans le sein du Seigneur ; cherchez et goûtez les choses du ciel, et rendez grâces à Jésus des bienfaits immenses que son sacrifice nous prépare.

Oui, il est vraiment digne et juste, équitable et salutaire, de vous remercier en tout temps et en tous lieux, ô mon Dieu ! par Jésus-Christ, notre Seigneur, de qui nous vient toute grâce. Ah ! combien ne devons-nous pas vous aimer, vous bénir, vous louer, vous glorifier, pour nous avoir aimés avec tendresse, sauvés avec tant de clémence, sanctifiés par un sacrifice si douloureux, réservés à une gloire si sublime ! Dans mon impuissance à vous rendre grâces, j'unis ma faible voix aux célestes chœurs des anges, aux concerts des élus, et je chante avec eux, à votre gloire, ce cantique de louanges qui retentit sans cesse dans le ciel : *Saint, Saint, Saint est le*

Seigneur, le Dieu des armées ! Béni soit celui qui vient au nom du Seigneur ! Hosanna, salut et gloire au plus haut des cieux !

AU CANON.

Nous vous supplions donc, Père très-miséricordieux, et nous vous demandons, par Jésus-Christ Notre-Seigneur, votre Fils, d'agréer et de bénir ces dons, ces offrandes, ce sacrifice sans tache, que nous vous offrons pour votre sainte Eglise catholique, afin qu'il vous plaise de lui donner la paix, de la garder, de la maintenir dans l'union, de la gouverner par toute la terre, et avec elle notre saint Père le pape, votre serviteur, notre Evêque, notre Souverain, et quiconque fait profession de la vraie foi catholique et apostolique.

MÉMOIRE DES VIVANTS.

Souvenez-vous, Seigneur, de vos serviteurs et de vos servantes, et de tous ceux qui sont ici présents, dont vous connaissez la foi et la piété, pour qui nous vous offrons ou qui vous offrent ce sacrifice de louanges, pour eux-mêmes et pour tous ceux qui leur appartiennent, pour la rédemption de leurs âmes, pour l'espérance de leur salut et de leur conservation, et qui vous rendent leurs vœux, à vous Dieu éternel, vivant et véritable.

COMMUNION ET MÉMOIRE DES SAINTS.

Participant à une même communion, et honorant la mémoire, en premier lieu, de la glorieuse vierge Marie, mère de Jésus-Christ, notre Dieu et notre Seigneur, de vos bienheureux apôtres et martyrs, et de tous vos saints ; aux mérites et aux prières desquels accordez, s'il vous plaît, qu'en toutes choses, nous soyons munis du secours de votre protection. Par le même Jésus-Christ Notre-Seigneur. Ainsi soit-il.

Nous vous prions donc, Seigneur, de recevoir favorablement cette offrande de notre servitude qui est aussi celle de toute votre Eglise ; établissez nos jours dans votre paix, préservez-nous de la damnation éternelle, et faites que nous soyons placés au nombre de vos élus. Par Jésus-Christ Notre-Seigneur. Ainsi soit-il.

A L'ÉLÉVATION DE L'HOSTIE.

O mon Jésus ! je vous reconnais et vous adore sous les espèces qui vous cachent à mes yeux, comme le maître de la vie et de la mort. Vous avez dit que, lorsque vous seriez élevé de terre, vous attireriez tout à vous ; élevez-moi avec vous, faites que je ne paraisse plus au milieu du monde que pour être un objet d'édification, un modèle de pénitence et de renoncement à moi-même.

A L'ÉLÉVATION DU CALICE.

O Sang précieux, je vous adore comme le prix de ma rédemption ; coulez sur mon cœur, ô Source de vie ! venez le purifier de tout ce qui pourrait blesser l'œil de mon souverain Juge.

APRÈS LA CONSÉCRATION.

Les cieux sont ouverts, le Saint des Saints est descendu sur la terre, cet autel est présentement le trône où réside la majesté du Très-Haut ; les anges l'environnent, et, par leurs plus vifs sentiments de respect et d'amour, ils le dédommagent du mépris, de l'oubli et de l'indifférence des hommes.

Et vous, Seigneur, pendant que ces sublimes intelligences se prosternent et s'anéantissent devant vous, vous me demandez mon cœur et vous le voulez tout entier. Pourrais-je vous le refuser ? Prenez-le donc, ô mon doux Jésus ! faites qu'il soit à vous sans partage et pour toujours. Vous êtes venu apporter le feu sur la terre, et tout votre désir est de le voir s'allumer. Que mon unique désir, ô mon Dieu ! soit de répondre à la tendresse et à la vivacité du vôtre. Je vous aime, oui, je vous aime ! mais augmentez de plus en plus ce sentiment dans mon cœur, afin que je puisse dire avec autant de vérité que l'Apôtre : *Qui me séparera jamais de la charité de Jésus-Christ ?*

AU MEMENTO DES MORTS.

Vous avez donné votre vie pour tous les hommes, ô mon Sauveur ! et vous

ne sauriez oublier dans ce mémorial
sacré de votre mort la portion chérie
de votre famille qui languit loin de
vous dans les souffrances de l'expia-
tion.

Souvenez-vous, ô bon Jésus! souvenez-vous de ces pauvres âmes du
purgatoire : de nos parents, de nos
amis, de tous ceux qui gémissent dans
ce cruel exil ; oubliez leurs péchés et
faites-leur miséricorde ! Envoyez-leur
l'ange de la délivrance et donnez-leur
entrée dans le séjour du rafraîchissement, de la lumière et de la paix.

Et pour nous, misérables pécheurs
que nous sommes, mais qui désirons
devenir vos fidèles serviteurs ! nous
osons espérer, Seigneur, qu'un jour
aussi vous daignerez nous admettre
dans la compagnie de vos saints, non
pas à cause de nos mérites, mais par
votre grande miséricorde, qui nous en
fera la grâce au nom et par les mérites

infinis de Notre-Seigneur Jésus-Christ,
notre unique Sauveur et Médiateur.

AU PATER.

Que je suis heureux, ô mon Dieu !
de vous avoir pour Père ! Que j'ai de
joie de songer que le ciel où vous
êtes doit être un jour ma demeure !
Que votre saint Nom soit glorifié par
toute la terre. Régnez absolument sur
tous les cœurs et sur toutes les volon-
tés. Ne refusez pas à vos enfants la
nourriture spirituelle et corporelle.
Nous pardonnons de bon cœur : pardonnez-nous. Soutenez-nous dans les
tentations et dans les maux de cette
misérable vie ; mais préservez-nous
du péché, le plus grand de tous les
maux. Ainsi soit-il.

APRÈS LE PATER.

Nous vous en supplions, Seigneur,
délivrez-nous de tous les maux passés,

présents et à venir ; et, par l'intercession de la bienheureuse et glorieuse
Marie, Mère de Dieu, toujours vierge,
de vos bienheureux apôtres Pierre,
Paul et André, et de tous les saints :
faites que nos jours s'écoulent dans la
paix, et que, soutenus par l'assistance
de votre miséricorde, nous soyons à
jamais délivrés du péché, de tout trou-
ble et de toute crainte : par le même
Jésus-Christ Notre-Seigneur, votre Fils
qui, étant Dieu, vit et règne avec vous
en l'unité du Saint-Esprit, dans tous
les siècles des siècles. Ainsi soit-il.

A L'AGNUS DEI.

Agneau de Dieu immolé pour moi,
ayez pitié de moi. Victime adorable de
mon salut, sauvez-moi. Divin Médiateur, obtenez-moi ma grâce auprès de
votre Père, donnez-moi votre paix.

PRIÈRES AVANT LA COMMUNION.

Seigneur Jésus-Christ, qui avez dit à vos apôtres : je vous laisse ma paix, je vous donne ma paix ; n'ayez pas égard à mes péchés, mais à la foi de votre Eglise ; donnez-lui la paix et l'union dont vous voulez qu'elle jouisse : vous qui, étant Dieu, vivez et régnez dans tous les siècles des siècles. Ainsi soit-il.

Seigneur Jésus-Christ, fils du Dieu vivant, qui, par la volonté du Père et la coopération du Saint-Esprit, avez donné, par votre mort, la vie au monde, délivrez-moi, par votre très-saint Corps et votre précieux Sang, de tous mes péchés et de tous les autres maux ; faites que je demeure toujours attaché à votre loi, et ne permettez pas que je me sépare jamais de vous, qui, étant Dieu, vivez et régnez avec le Père et le Saint-Esprit, dans tous les siècles des siècles. Ainsi soit-il.

PENDANT LA COMMUNION DU PRÊTRE.

Voici le moment, ô mon Dieu ! où vous vous donnez au prêtre, et où vous nous invitez à nous unir à vous. Que je serais heureux de m'approcher de votre sainte Table ! Mais je ne mérite pas ce bonheur, et, plus que tout autre, je dois frapper ma poitrine, et vous dire avec humilité : Seigneur, je ne suis pas digne, non je ne suis pas digne que vous entriez en moi ; mais je déteste les fautes et la tiédeur qui me séparent de vous. Je ne suis pas digne, Seigneur, mais dites seulement une parole et mon âme sera guérie. Je ne suis pas digne ; mais je m'unis de toute l'ardeur de mes désirs à votre Corps sacré ; j'appelle en moi votre grâce et votre amour, qui sont une véritable vie. O mon Sauveur ! vous ne vous refusez jamais à l'âme qui vous cherche : venez, Seigneur Jésus, venez !

DERNIÈRES ORAISONS.

Vous venez, ô mon Dieu ! de vous immoler pour mon salut ; je veux me sacrifier pour votre gloire. Je suis votre victime, ne m'épargnez pas. J'accepte de tout mon cœur toutes les croix qu'il vous plaira de m'envoyer, et je les bénis ; je les reçois de votre main, et je les unis à la vôtre.

Je sors purifié par vos saints mystères ; je fuirai avec horreur les moindres taches du péché, surtout de celui où mon penchant m'entraîne avec plus de violence. Je serai fidèle à votre loi, et je suis résolu de tout perdre et de tout souffrir plutôt que de la violer.

BÉNÉDICTION.

Bénissez, ô mon Dieu ! ces saintes résolutions ; bénissez-nous tous par la main de votre ministre, et que les effets de votre bénédiction demeurent éternellement sur nous. Au nom du Père, et du Fils, et du Saint-Esprit. Ainsi soit-il.

DERNIER ÉVANGILE.

Verbe divin, fils unique du Père, lumière du monde venue du ciel pour nous en montrer le chemin, ne permettez pas que je ressemble à ce peuple infidèle qui a refusé de vous reconnaître pour le Messie. Ne souffrez pas que je tombe dans le même aveuglement que ces malheureux, qui ont mieux aimé devenir esclaves de Satan que d'avoir part à la glorieuse adoption d'enfants de Dieu, que vous veniez leur procurer.

Verbe fait chair, je vous adore avec le respect le plus profond ; je mets toute ma confiance en vous seul, espérant fermement que, puisque vous êtes mon Dieu, et un Dieu qui s'est fait homme afin de sauver les hommes, vous m'accorderez les grâces nécessaires pour me sanctifier et vous posséder éternellement dans le ciel. Ainsi soit-il.

PRIÈRES APRÈS LA SAINTE MESSE.

Seigneur, je vous remercie de la grâce que vous m'avez faite en me permettant d'assister aujourd'hui au sacrifice de la sainte messe, préférablement à tant d'autres qui n'ont pas eu le même bonheur. Je vous demande pardon de toutes les fautes que j'ai commises par la dissipation et la langueur où je me suis laissé aller en votre présence. Que ce sacrifice, ô mon Dieu ! me purifie pour le passé et me fortifie pour l'avenir.

Je vais présentement avec confiance aux occupations où votre volonté m'appelle. Je me souviendrai toute cette journée de la grâce que vous venez de me faire, et je tâcherai de ne laisser échapper aucune parole, aucune action, de ne former aucun désir ni aucune pensée qui me fassent perdre le fruit de la messe que je viens d'entendre. C'est ce que je me propose, avec le secours de votre sainte grâce. Ainsi soit-il.

CHAPITRE X.

ACTES AVANT LA COMMUNION.

PRIÈRE A NOTRE-SEIGNEUR JÉSUS-CHRIST AVANT LA SAINTE COMMUNION.

Jésus, mon Dieu et mon Sauveur, je vous remercie de cette bonté ineffable qui vous a porté à instituer le Banquet sacré où vous nous donnez la manne céleste de votre corps adorable, et où vous remplissez nos âmes de force, de douceur et de suavité. Comment ai-je pu mériter la faveur dont vous m'honorez aujourd'hui, en me permettant de m'approcher de vous et de m'asseoir à votre sainte Table? Moi, pécheur, moi, plus misérable que le néant, manger le pain des anges ! Ah ! je n'en serai jamais digne. Cependant vous m'invitez à aller à vous. Me voici,

Seigneur, avec mes infirmités, avec ma misère et ma pauvreté. Je supplie votre infinie bonté de guérir mes plaies, d'effacer mes péchés, de me revêtir de la robe nuptiale de l'innocence et de la pureté, avant que je ne participe à votre festin royal. Puisque vous daignez m'admettre au nombre de vos convives malgré mon indignité, faites que je reçoive, avec le sacrement de votre Corps et de votre Sang, les fruits excellents et les dons précieux qu'il renferme ; que je trouve dans cette communion les grâces qui me sont nécessaires, et que ce pain de vie me soit un gage assuré de la bienheureuse immortalité.

ACTE DE FOI SUR LA PRÉSENCE DE NOTRE-SEIGNEUR AU SAINT SACREMENT.

O Jésus, mon Sauveur et mon adorable Maître ! un seul et même Dieu avec le Père et le Saint-Esprit, je crois

fermement que je vais recevoir dans
votre auguste sacrement le même corps
que vous avez livré pour moi au supplice de la croix, le même sang que
vous avez répandu pour la rémission
de mes péchés. Je le crois, mon Dieu,
et malgré ce que mes sens et ma raison peuvent me dire, je renonce à mes
sens et à ma raison pour me captiver
sous l'obéissance de la foi: Vous êtes,
Seigneur, la vérité et la vie ; vous
avez les paroles de la vie éternelle, et
vous nous avez promis de nous donner votre chair sacrée à manger et
votre sang précieux à boire ; vous
avez dit aussi à vos apôtres : Prenez
et mangez ; ceci est mon Corps. Je reçois avec respect votre sainte parole ;
j'adore, sous les voiles qui cachent à
mes yeux votre divine présence, votre
Corps, votre Sang, votre âme et votre
divinité. Ah ! que je m'estimerais heureux, si je pouvais donner ma vie en

témoignage de cette consolante vérité !

ACTE D'HUMILITÉ.

O Seigneur, que vous êtes grand
dans tout l'univers ! Vous êtes le roi
du ciel et de la terre : les Anges vous
louent, les Dominations vous adorent,
les Puissances ne vous envisagent
qu'avec un saint tremblement. Mais
qu'est-ce que l'homme, pour que vous
daigniez vous souvenir de lui et le
visiter dans votre sacrement ? Qui
suis-je, ô Dieu de sainteté ! pour que
vous veniez habiter dans mon cœur ?
Conçu dans l'iniquité, que de péchés
volontaires et délibérés j'ai ajoutés
par ma malice à la souillure de mon
origine ! Hélas ! mes offenses se sont
multipliées au-delà du nombre des
cheveux de ma tête. Loin de vous prier
de descendre chez moi, je devrais bien
plutôt vous conjurer de vous éloigner

d'un pécheur tel que je suis. Non, mon Dieu, je ne suis pas digne que vous entriez dans mon cœur. Si, cependant, n'écoutant que votre bonté, vous me faites cette faveur, purifiez-moi des taches honteuses du péché, guérissez les plaies de mon âme ; une seule parole vous suffit pour opérer en moi cette grâce.

ACTE DE CONFIANCE.

O mon âme ! pourquoi êtes-vous triste, et pourquoi vous troublez-vous ? Avez-vous donc oublié que notre Dieu est riche en miséricorde, et que le trésor de sa bonté est inépuisable ? Mon Dieu, mon aimable Père, j'ai péché, à la vérité, contre le ciel et contre vous, et je ne suis plus digne d'être appelé votre fils ; mais je sais que vous ne rejetez point un cœur contrit et humilié. D'ailleurs je vous entends, du fond de vos tabernacles, m'inviter

de venir à vous, malgré mes misères
et mes faiblesses. Venez à moi, dites-
vous, ô vous qui êtes dans la peine et
l'affliction, et je vous soulagerai, je
vous consolerai. Rassuré par votre
bonté et votre parole, je me présente
à vous avec confiance, comme un
pauvre malade au médecin charitable
de mon àme. J'espère que vous me
fortifierez, que vous m'éclairerez, que
vous me changerez. Je l'espère, sans
crainte d'être trompé dans mes espérances ; car, que n'ai-je point droit
d'attendre d'un Dieu qui se donne tout
à moi ? Et que pourra-t-il me refuser,
après m'avoir nourri de sa substance
divine, et avoir fait couler dans mon
cœur son Sang adorable ? O mon Dieu !
aux jours de votre vie mortelle, vos
pas étaient marqués partout par des
bienfaits, que ne dois-je point espérer
de vous dans ce moment heureux où
vous allez habiter en moi avec toute

la plénitude de votre divinité ? Oui,
vous êtes mon Dieu : votre sainte présence me remplit d'une douce espérance.

ACTE D'AMOUR.

O doux et aimable Jésus ! à quel
excès avez-vous porté votre amour
envers nous ! Pour nous sauver de la
mort, vous avez quitté le sein de votre
Père, vous êtes descendu dans cette
vallée de larmes, où vous avez pris
notre chair et toutes nos infirmités ;
où vous avez souffert une mort cruelle.
Mais votre charité n'est point encore
satisfaite d'avoir donné votre vie pour
nous racheter. Avant de quitter la
terre pour retourner vers votre Père
céleste, vous nous laissez le gage le
plus précieux de votre tendresse dans
l'auguste sacrement de votre Corps et
de votre Sang. Vos délices sont d'être
avec les enfants des hommes, et votre

amour, plus fort que la mort, vous fait trouver le moyen admirable de perpétuer parmi nous votre sainte présence, de vous unir cœur à cœur avec nous, de nous changer, de nous transformer en vous, de nous rendre participants de votre divinité. O mon cœur ! serez-vous insensible à tant d'amour ? Non, mon Dieu, je vous aimerai. O vous, qui êtes ma force, mon refuge, mon libérateur, je désire vivement de vous recevoir, afin que votre adorable sacrement soit le lien et le sceau de mon amour pour vous. Qui me séparera désormais de la charité de Jésus-Christ, mon Sauveur ? Ce ne sera ni la vie, ni la mort, ni aucune autre créature au ciel ou sur la terre.

ACTE DE DÉSIR.

Comme le cerf altéré soupire après une source où il puisse éteindre sa soif, ainsi, mon Dieu, mon âme désire

ardemment de vous recevoir et de
s'unir à vous. Ah ! venez et ne tardez
pas ! Venez avec votre bonté, votre
douceur, votre charité, votre miséricorde. Quel va être mon bonheur ! Je
vais posséder mon Dieu, et avec lui
tous les biens. Détachez, ô mon aimable Jésus ! détachez mon cœur de
toutes les créatures, où il n'y a que
vanité et affliction d'esprit. Attachez-
le inséparablement à vous, qui êtes
mon repos, mon unique trésor, ma
souveraine et éternelle félicité. Faites-
moi sentir au plus tôt la douceur de
votre présence, afin qu'étant rassasié
du pain délicieux de votre Table, je ne
cherche plus, je ne désire plus jamais
que vous, qui êtes ma joie, mes délices, mon héritage pour l'éternité. O
Jésus ! le véritable et bon Pasteur, qui
avez donné votre vie pour vos ouailles,
vous voyez en moi une pauvre brebis
qui s'est égarée ; ayez pitié de ma mi-

sère ; donnez-moi votre Corps et votre
Sang, de peur que je ne tombe en défaillance. Venez, agneau de Dieu, chair
adorable, sang précieux de mon Sauveur, venez servir de nourriture à mon
âme ! Je ne puis plus vivre sans vous,
ô le Dieu de mon cœur, mon amour
et mon tout ! Venez, Seigneur, venez !
Mon Dieu, que vos tabernacles sont
beaux et ravissants ! O mon âme !
voici notre Bien-Aimé, notre Roi qui
vient à nous plein de douceur. Ah !
béni soit celui qui vient au nom du
Seigneur !

ACTES APRÈS LA COMMUNION.

ACTE D'ADORATION.

Adorable Sauveur, au nom duquel
tout genou fléchit au ciel, sur la terre
et dans les enfers, que puis-je faire
ici devant votre Majesté sainte, qui me

remplit tout entier, si ce n'est de vous bénir, de vous honorer en silence et dans le plus profond anéantissement de mon âme ! O Dieu éternel, saint, infini, je vous adore ! Je rends mes justes hommages à cette grandeur suprême devant laquelle tout s'anéantit, en comparaison de laquelle toute puissance n'est que faiblesse, toute prospérité que misère, et les plus éclatantes lumières, que ténèbres épaisses. A vous seul, ô Jésus, Roi des siècles, Dieu immortel ! à vous seul appartient tout honneur et toute gloire. Gloire, honneur, salut et bénédiction à celui qui vient au nom du Seigneur. Béni soit le Fils éternel du Très-Haut, qui daigne s'unir aujourd'hui si intimement à moi, et prendre possession de mon cœur.

ACTE D'AMOUR.

J'ai donc enfin le bonheur de vous posséder, Dieu d'amour ! Qui me donnera de répondre à cet excès de bonté ? Que ne suis-je tout cœur, tout amour, pour vous aimer comme vous le méritez, et pour n'aimer jamais que vous ! Embrasez-moi, mon Dieu, consumez, brûlez mon cœur de vos saintes ardeurs. Mon Bien-Aimé est tout à moi, et je suis tout à lui. Mère de mon Dieu, Saints du ciel et de la terre, prêtez-moi vos cœurs, donnez-moi votre amour pour aimer mon aimable Jésus. Oui, je vous aime, ô le Dieu de mon cœur ! je vous aime de toute mon âme ; je vous aime souverainement ; je vous aime pour l'amour de vous, et avec une ferme résolution de n'aimer jamais que vous. Je le jure, je le proteste ; mais assurez vous-même ces saintes dispositions dans mon cœur qui est présentement à vous.

ACTE DE REMERCIEMENT.

O mon aimable Sauveur ! quelle n'est pas votre bonté et votre miséricorde envers moi ! Vous m'avez tiré du néant par votre toute-puissance ; d'ennemi et d'enfant de colère que j'étais par le malheur de mon origine, vous m'avez rendu, par votre Sang, votre frère et le cohéritier de votre royaume céleste. A cette grâce, votre immense charité vient d'ajouter la marque la plus touchante de votre tendresse, en me donnant votre Corps, votre Sang, tout vous-même dans le Sacrement de votre amour. D'où m'est venu cet excès de bonheur, que mon Seigneur et mon Dieu soit venu me visiter ? Que lui rendrai-je pour tant de bienfaits ? Que ma langue chante à jamais ses louanges, publie sa gloire, sa grandeur et toutes ses merveilles. O mon âme ! bénis le Seigneur qui te comble de tant de bienfaits, et que mon esprit tressaille d'allégresse en Dieu, mon Sauveur, parce qu'il a regardé la bassesse de son serviteur, qu'il a fait en moi de grandes choses, et qu'il a enrichi ma pauvreté de toutes sortes de biens. Bénissons donc le Seigneur ; que tout en moi glorifie son saint nom ! Louons-le à jamais, ô mon âme ! N'oublions pas les bienfaits du Dieu qui s'est rendu propice à nos iniquités, qui a guéri nos infirmités par la vertu de son adorable Sacrement, qui a usé envers nous de tant de clémence et de miséricorde, et qui a rempli tous nos désirs en nous comblant de biens.

ACTE D'OFFRANDE.

O mon Dieu ! en vous donnant à moi avec tant de bonté, vous n'avez d'autre intention que de m'unir à vous, afin que je ne vive désormais qu'en vous, par vous et pour vous. C'est aussi tout mon désir et l'unique vœu de mon cœur ; c'est à cette fin que je vous consacre en ce moment, pour toujours et sans réserve, mon âme, mon cœur, mon corps, tout ce que je suis, tout ce que je puis, et tout ce que je possède. Il est bien juste que je sois tout à Celui qui vient de se donner tout à moi. Recevez, ô mon Dieu ! le sacrifice que je vous fais de tout moi-même : unissez-le à cette oblation pure et sans tache que vous avez offerte à votre Père sur l'autel de la croix. Je sais que je ne suis qu'un pécheur, une brebis égarée, je ne mérite point que vous jetiez les yeux sur moi ; mais souvenez-vous que vous êtes venu chercher et sauver les pécheurs, que vous êtes le bon Pasteur, l'Agneau de Dieu qui ôtez les péchés du monde.

Seigneur, je remets mon esprit et tout
mon être entre vos mains : régnez en
moi en maître souverain et absolu ;
assujétissez-vous, ô Roi de mon cœur,
toutes les puissances de mon âme.
Après la faveur que vous venez de me
faire, je ne souffrirai pas qu'il y ait
rien en moi qui ne soit entièrement à
vous. Pensées, désirs, paroles, actions,
tout pour vous et pour votre plus
grande gloire.

ACTE DE DEMANDE.

Comme vous n'avez point mis de
bornes, ô mon Dieu ! à votre tendresse
et à votre miséricorde envers moi, je
n'en mettrai point à ma confiance et à
mes demandes. Que ne puis-je point
espérer de vous après que vous m'avez
donné tous les trésors de votre divinité ! Vous êtes en moi, source inépuisable de tous les biens ; vous y êtes
les mains pleines de grâces, prêt à les

répandre dans mon cœur. Dieu bon,
libéral et magnifique, versez-les avec
profusion, selon l'étendue de mes besoins. O Jésus ! vous, qui vous êtes
humilié, abaissé, jusqu'à prendre la
forme d'un esclave, faites que je sois
comme vous, doux et humble de cœur.
O Agneau sans tache ! qui avez voulu
naître d'une Vierge, vous savez que je
porte dans un vase bien fragile la plus
belle des vertus. Donnez-moi la pureté
de l'âme et du corps par la vertu de
votre Sang adorable, ce vin délicieux
qui engendre les vierges. Agneau innocent, qui vous êtes laissé conduire
à la mort comme une tendre victime,
donnez-moi l'esprit de patience et de
douceur qui me fasse supporter, à
votre exemple, sans me plaindre, les
injures et les calomnies des méchants.
O modèle parfait de toutes les vertus !
mettez en moi toutes celles qui doivent
orner l'âme fidèle, et qui doivent le plus

contribuer à votre gloire : donnez-moi
surtout une foi vive, une ferme espérance, une ardente charité, une piété
tendre, une ferveur constante. Répandez, Seigneur, vos bénédictions sur
mes parents, mes amis et mes ennemis, et sur ceux pour lesquels j'ai
quelque obligation de prier. Ayez surtout pitié des âmes de vos serviteurs
qui souffrent dans le purgatoire ; donnez-leur le lieu de rafraîchissement, de
lumière et de paix, après lequel elles
soupirent avec ardeur.

ACTE DE BON PROPOS.

O mon Dieu ! le souvenir de votre
bonté ne s'effacera jamais de mon
cœur : je n'oublierai jamais la faveur
que vous venez de me faire. Je m'ef-
forcerai surtout de conserver les grâces
que vous avez répandues en moi avec
tant d'abondance ; et je tâcherai, par
l'innocence de ma vie, de mériter de

venir souvent puiser à cette source
d'eaux vives qui rejaillissent jusqu'à
la vie éternelle. Pour cet effet, je renonce entièrement à ce qui pourrait
contrister votre bonté paternelle. Désormais, plus de distractions volontaires dans mes prières ni de négligences dans mes devoirs ; plus d'at-
taches sensibles, ni d'amitiés natu-
relles ; plus d'estime pour le monde,
ses vanités et ses plaisirs. Plutôt mourir que de jamais vous déplaire. Vous
êtes au milieu de mon cœur, divin
Jésus ; c'est en votre présence que je
conçois ces résolutions, afin que vous
les confirmiez, et que votre adorable
Sacrement que je viens de recevoir en
soit comme le sceau qu'il ne me soit
jamais permis de violer. Bénissez-moi,
mon Dieu, bénissez le désir que j'ai
d'être tout entier à vous, et de ne vivre
que pour vous. Ainsi soit-il.

CHAPITRE XI.

VÊPRES DU DIMANCHE.

Ant. Dixit Dominus.

PSAUME CIX.

Dixit Dominus Domino meo : * sede a dextris *i* meis.

Donec ponam inimicos tuos : * scabellum pe--9 dum tuorum.

Virgam virtutis tuæ emittet Dominus ex Sion :*.*: dominare in medio inimicorum tuorum.

Tecum principium in die virtutis tuæ in splen--n doribus sanctorum : * ex utero ante luciferumm genui te.

Juravit Dominus, et non pœnitebit eum : * tuoJ es sacerdos in æternum secundum ordinem Mel--Is chisedech.

Dominus a dextris tuis : * confregit in die iræJs1 suæ reges.

Judicabit in nationibus, implebit ruinas : * con--m quassabit capita in terra multorum.

De torrente in via bibet : * propterea exalta-
bit caput.

Gloria Patri, etc.

Ant. Dixit Dominus Domino meo : sede a dextris meis.

Ant. Fidelia.

PSAUME CX.

Confitebor tibi, Domine, in toto corde meo : *
in consilio justorum et congregatione.

Magna opera Domini : * exquisita in omnes
voluntates ejus.

Confessio et magnificentia opus ejus : * et
justitia ejus manet in sæculum sæculi.

Memoriam fecit mirabilium suorum misericors
et miserator Dominus : * escat dedit timentibus
se.

Memor erit in sæculum testamenti sui : * vir-
tutem operum suorum annuntiabit populo suo.

Ut det illis hæreditatem gentium : * opera
manuum ejus veritas et judicium.

Fidelia omnia mandata ejus, confirmata in sæculum sæculi : * facta in veritate et æquitate.

Redemptionem misit populo suo : * mandavit
in æternum testamentum suum.

Sanctum et terribile nomen ejus : * initium
sapientiæ timor Domini.

Intellectus bonus omnibus facientibus eum :*
laudatio ejus manet in sæculum sæculi.

Gloria Patri, etc.

Ant. Fidelia omnia mandata ejus, confirmata
in sæculum sæculi.

Ant. In mandatis.

PSAUME CXI.

Beatus vir qui timet Dominum : * in mandatis
ejus volet nimis.

Potens in terra erit semen ejus : * generatio
rectorum benedicetur.

Gloria et divitiæ in domo ejus : * et justitia
ejus manet in sæculum sæculi.

Exortum est in tenebris lumen rectis : * misericors et miserator, et justus.

Jucundus homo qui miseretur et commodat,
disponet sermones suos in judicio : * quia in
æternum non commovebitur.

In memoria æterna erit justus : * ab auditione
mala non timebit.

Paratum cor ejus sperare in Domino ; confir-

matum est cor ejus : * non commovebitur donec
despiciat inimicos suos.

Dispersit, dedit pauperibus ; justitia ejus manet
in sæculum sæculi : * cornu ejus exaltabitur in
gloria.

Peccator videbit et irascetur ; dentibus suis
fremet et tabescet : * desiderium peccatorum
peribit.

Gloria Patri, etc.

Ant. In mandatis ejus cupit nimis.

Ant. Sit nomen.

PSAUME CXII.

Laudate, pueri, Dominum : * laudate nomen
Domini.

Sit nomen Domini benedictum : * ex hoc nunc
et usque in sæculum.

A solis ortu usque ad occasum : * laudabile
nomen Domini.

Excelsus super omnes gentes Dominus : * et
super cœlos gloria ejus.

Quis sicut Dominus Deus noster, qui in altis
habitat, * et humilia respicit in cœlo et in terra ?

Suscitans a terra inopem, * et de stercore éri-
gens pauperem.

Ut collocet eum cum principibus, * cum principibus populi sui.

Qui habitare facit sterilem in domo, * matrem filiorum lætantem.

Gloria Patri, etc.

Ant. Sit nomen Domini benedictum in sæcula.

Ant. Nos qui vivimus.

PSAUME CXIII.

In exitu Israel de Ægypto, * domus Jacob de populo barbaro.

Facta est Judæa sanctificatio ejus, * Israel potestas ejus.

Mare vidit, et fugit : * Jordanis conversus est retrorsum.

Montes exultaverunt ut arietes, * et colles sicut agni ovium.

Quid est tibi, mare, quod fugisti ? * et tu, Jordanis, quia conversus es retrorsum.

Montes, exultastis sicut arietes ? * et colles sicut agni ovium.

A facie Domini mota est terra, * a facie Dei Jacob.

Qui convertit petram in stagna aquarum, * et rupem in fontes aquarum.

Non nobis, Domine, non nobis, * sed nomini tuo da gloriam.

Super misericordia tua et veritate tua ; * nequando dicant gentes : ubi est Deus eorum ?

Deus autem noster in cœlo ; * omnia quæcumque voluit, fecit.

Simulacra gentium argentum et aurum ; * opera manuum hominum.

Os habent, et non loquentur ; * oculos habent, et non videbunt.

Aures habent, et non audient ; * nares habent, et non odorabunt.

Manus habent et non palpabunt ; pedes habent, et non ambulabunt : * non clamabunt in gutture suo.

Similes illis fiant qui faciunt ea, * et omnes qui confidunt in eis.

Domus Israel speravit in Domino ; * adjutor eorum et protector eorum est.

Domus Aaron speravit in Domino ; * adjutor eorum et protector eorum est.

Qui timent Dominum speraverunt in Domino : * adjutor eorum et protector eorum est.

Dominus memor fuit nostri, * et benedixit nobis.

Benedixit domui Israel , * benedixit domui Aaron.

Benedixit omnibus qui timent Dominum ; * pusillis cum majoribus.

Adjiciat Dominus super vos, * super vos, et super filios vestros.

Benedicti vos a Domino, * qui fecit cœlum et terram.

Cœlum cœli Domino , * terram autem dedit filiis hominum.

Non mortui laudabunt te, Domine, * neque omnes qui descendunt in infernum.

Sed nos qui vivimus, benedicimus Domino, * ex hoc nunc, et usque in sæculum.

Gloria Patri, etc.

Ant. Nos qui vivimus, benedicimus Domino.

CAPITULE.

Benedictus Deus, et Pater Domini nostri Jesu Christi, Pater misericordiarum, et Deus totius consolationis, qui consolatur nos in omni tribulatione nostra.

HYMNE.

Lucis Creator optime,
Lucem dierum proferens,
Primordiis lucis novæ,
Mundi parans originem ;

Qui mane junctum vesperi,
Diem vocari præcipis,
Illabitur tetrum chaos ;
Audi preces cum fletibus.

Ne mens gravata crimine,
Vitæ sit exul munere,
Dum nil perenne cogitat,
Seseque culpis illigat.

Cœleste pulset ostium :
Vitale tollat præmium :
Vitemus omne noxium :
Purgemus omne pessimum.

Præsta, Pater piissime,
Patrique compar Unice,
Cum Spiritu Paraclito
Regnans per omne sæculum.
Amen.

℣. Dirigatur, Domine, oratio mea.

℟. Sicut incensum in conspectu tuo.

CANTIQUE DE LA SAINTE VIERGE.

Magnificat * anima mea Dominum.

Et exultavit spiritus meus * in Deo salutari meo :

Quia respexit humilitatem ancillæ suæ : * ecco enim ex hoc beatam me dicent omnes generationes.

Quia fecit mihi magna qui potens est ; * et sanctum nomen ejus.

Et misericordia ejus a progenie in progenies * timentibus eum.

Fecit potentiam in brachio suo : * dispersit superbos mente cordis sui.

Deposuit potentes de sede, * et exaltavit humiles.

Esurientes implevit bonis, * et divites dimisit inanes.

Suscepit Israel puerum suum, * recordatus misericordiæ suæ.

Sicut locutus est ad patres nostros, * Abraham et semini ejus in sæcula.

Gloria Patri, etc.

CHAPITRE XII.

COMPLIES.

—

Le Lecteur.

Jube, domne, benedicere.

BÉNÉDICTION.

Noctem quietam et finem perfectum concedat nobis Dominus omnipotens. ℟. Amen.

LEÇON BRÈVE.

Fratres, sobrii estote, et vigilate, quia adversarius vester diabolus, tanquam leo rugiens, circuit quærens quem devoret; cui resistite fortes in fide. Tu autem, Domine, miserere nobis.

℟. Deo gratias.

℣. Adjutorium nostrum in nomine Domini.

℟. Qui fecit cœlum et terram.

Pater noster; — Confitebor; — Misereatur et indulgentiam.

Converte nos, Deus salutaris noster. ℟. Et averte iram tuam a nobis.

℣. Deus, in adjutorium meum intende, etc.

PSAUME IV.

Ant. Miserere.

Cum invocarem, exaudivit me Deus justitiæ meæ : * in tribulatione dilatasti mihi.

Miserere mei, * et exaudi orationem meam.

Filii hominum, usquequo gravi corde ? * ut quid diligitis vanitatem, et quæritis mendacium ?

Et scitote quoniam mirificavit Dominus sanctum suum : * Dominus exaudiet me, cum clamavero ad eum.

Irascimini, et nolite peccare : * quæ dicitis in cordibus vestris, in cubilibus vestris compungimini.

Sacrificate sacrificium justitiæ, et sperate in Domino ; * multi dicunt : quis ostendit nobis bona ?

Signatum est super nos lumen vultus tui, Domine : * dedisti lætitiam in corde meo.

A fructu frumenti, vini, et olei sui, * multiplicati sunt.

In pace in idipsum * dormiam et requiescam ;

Quoniam tu, Domine, singulariter in spe * constituisti me.

Gloria Patri, etc.

PSAUME XXX.

In te, Domine, speravi ; non confundar in æternum ; * in justitia tua libera me.

Inclina ad me aurem tuam, * accelera ut eruas me.

Esto mihi in Deum protectorem, et in domum refugii, * ut salvum me facias.

Quoniam fortitudo mea, et refugium meum es tu ; * et propter nomen tuum deduces me, et enutries me.

Educes me de laqueo hoc, quem absconderunt mihi ; * quoniam tu es protector meus.

In manus tuas commendo spiritum meum : * redemisti me, Domine, Deus veritatis.

Gloria Patri, etc.

PSAUME XC.

Qui habitat in adjutorio Altissimi, * in protectione Dei cœli commorabitur.

Dicet Domino : susceptor meus es tu, et refugium meum : * Deus meus, sperabo in eum.

Quoniam ipse liberavit me de laqueo venantium, * et a verbo aspero.

Scapulis suis obumbrabit tibi, * et sub pennis ejus sperabis.

Scuto circumdabit te veritas ejus ; * non timebis a timore nocturno ;

A sagitta volante in die, a negotio perambulante in tenebris, * ab incursu et dæmonio meridiano.

Cadent a latere tuo mille, et decem millia a dextris tuis ; * ad te autem non appropinquabit.

Verumtamen oculis tuis considerabis, * et retributionem peccatorum videbis.

Quoniam tu es, Domine, spes mea : * altissimum posuisti refugium tuum ;

Non accedet ad te malum, * et flagellum non appropinquabit tabernaculo tuo.

Quoniam angelis suis mandavit de te, * ut custodiant te in omnibus viis tuis.

In manibus portabunt te, * ne forte offendas ad lapidem pedem tuum.

Super aspidem et basiliscum ambulabis, * et conculcabis leonem et draconem.

03

n.
m
)-

i

2(

fu

ti

ej

m

la
ri

d

r

n

a

c

a

c

Quoniam in me speravit, liberabo eum : *
protegam eum, quoniam cognovit nomen meum.

Clamabit ad me, et ego exaudiam eum ; * cum
ipso sum in tribulatione; eripiam eum, et glo-
rificabo eum.

Gloria Patri, etc.

PSAUME CXXXIII.

Ecce nunc benedicite Dominum, * omnes servi
Domini :

Qui statis in domo Domini, * in atriis domus
Dei nostri ;

In noctibus extollite manus vestras in sancta, *
et benedicite Dominum.

Benedicat te Dominus ex Sion, * qui fecit
cœlum et terram.

Gloria Patri, etc.

Ant. Miserere mei, Domine, et exaudi orationem meam.

HYMNE.

Te lucis ante terminum,
Rerum Creator, poscimus,
Ut, pro tua clementia,
Sis præsul et custodia.

Procul recedant somnia.
Et noctium phantasmata ;
Hostemque nostrum comprime,
Ne polluantur corpora.

Præsta, Pater piissime.
Patrique compar Unice.
Cum spiritu Paraclito
Regnans per omne sæculum.
Amen.

CAPITULE.

Tu autem in nobis es, Domine, et nomen sanctum tuum invocatum est super nos : ne derelinquas nos, Domine Deus noster. ℟. Deo gratias.

℟. *Cr.* In manus tuas, Domine, * commendo spiritum meum. — In manus tuas. — ℣. Redemisti nos, Domine, Deus veritatis. — * Commendo. — Gloria Patri. — In manus tuas.

℣. Custodi nos, Domine, ut pupillam oculi. ℟. Sub umbra alarum tuarum protege nos.

CANTIQUE DE SIMÉON.

Nunc dimittis servum tuum, Domine, * secundum verbum tuum in pace.

Quia viderunt oculi mei * salutare tuum,

Quod parasti * ante faciem omnium populo-
rum,

Lumen ad revelationem gentium, * et gloriam
plebis tuæ Israel.

Gloria Patri, etc.

Ant. Salva nos, Domine, vigilantes, custodi
nos dormientes, ut vigilemus cum Christo et
requiescamus in pace.

PRIÈRES

*Qui se disent toujours, excepté aux fêtes doubles
et pendant les octaves.*

Kyrie, eleison.

Christe, eleison.

Kyrie, eleison.

Pater noster, etc., *à voix basse.*

℣. Et ne nos inducas in tentationem. ℟. Sed
libera nos a malo.

Credo in Deum, etc.

℣. Carnis resurrectionem. ℟. Vitam æternam.
Amen.

℣. Benedictus es Domine, Deus patrum nos-
trorum. ℟. Et laudabilis, et gloriosus in sæcula.

℣. Benedicimus Patrem et Filium, cum sancto Spiritu. ℞. Laudemus et superexaltemus eum in sæcula.

℣. Benedictus es, Domine, in firmamento cœli. ℞. Et laudabilis, et gloriosus, et superexaltatus in sæcula.

℣. Benedicat et custodiat nos omnipotens et misericors Dominus. ℞. Amen.

℣. Dignare, Domine, nocte ista. ℞. Sine peccato nos custodire.

℣. Miserere nostri, Domine. ℞. Miserere nostri.

℣. Fiat misericordia tua, Domine, super nos. ℞. Quemadmodum speravimus in te.

℣. Domine, exaudi orationem meam. ℞. Et clamor meus ad te veniat.

ORAISON.

Visita, quæsumus, Domine, habitationem istam et omnes insidias inimici ab ea longe repelle : Angeli tui sancti habitent in ea, qui nos in pace custodiant : et benedictio tua sit super nos semper. Per Dominum.

℣. Benedicamus Domino. ℞. Deo gratias.

Benedicat et custodiat nos omnipotens et misericors Dominus, Pater, et Filius, et Spiritus Sanctus. ℞. Amen.

ANTIENNE A LA SAINTE VIERGE.

Depuis la Trinité jusqu'à l'Avent.

Salve, Regina, mater misericordiæ; vita, dulcedo et spes nostra, salve. Ad te clamamus, exules, filii Evæ ; ad te suspiramus, gementes et flentes in hac lacrymarum valle. Eia, ergo, advocata nostra, illos tuos misericordes oculos ad nos converte. Et Jesum, benedictum fructum ventris tui, nobis post hoc exilium ostende, o clemens, o pia, o dulcis Virgo Maria !

℣. Ora pro nobis, sancta Dei genitrix. ℟. Ut digni efficiamur promissionibus Christi.

ORAISON.

Omnipotens, sempiterne Deus, qui gloriosæ virginis matris Mariæ corpus et animam, ut dignum Filii tui habitaculum effici mereretur, Spiritu Sancto cooperante, præparasti : da, ut cujus commemoratione lætamur, ejus pia intercessione ab instantibus malis, et a morte perpetua liberemur. Per eumdem Christum. ℟. Amen.

℣. Divinum auxilium maneat semper nobiscum. ℟. Amen.

Pater. — Ave. — Credo.

Inviolata, integra et casta es, Maria,
Quæ es effecta fulgida cœli porta.
O Mater alma Christi charissima,
Suscipe pia laudum præconia.
Nostra ut pura pectora sint et corpora,
Te nunc flagitant devota corda et ora.
Tua per precata dulcisona,
Nobis concedas veniam per sæcula.
O benigna ! o Regina ! o Maria !
Quæ sola inviolata permansisti.

HYMNE.

Ave, maris stella,
Dei Mater alma,
Atque semper virgo,
Felix cœli porta.

Sumens illud Ave
Gabrielis ore,
Funda nos in pace,
Mutans Evæ nomen.

Solve vincla reis,
Profer lumen cæcis,

Mala nostra pelle,
Bona cuncta posce.

Monstra te esse matrem :
Sumat per te preces
Qui, pro nobis natus,
Tulit esse tuus.

Virgo singularis,
Inter omnes mitis,
Nos culpis solutos
Mites fac et castos.

Vitam præsta puram,
Iter para tutum,
Ut videntes Jesum,
Semper collætemur.

Sit laus Deo Patri,
Summo Christo decus,
Spiritui sancto,
Tribus honor unus.
    Amen.

CHAPITRE XIII.

AU SALUT DU SAINT-SACREMENT.

—

EXPOSITION.

O salutaris Hostia,
Quæ cœli pandis ostium ;
Bella premunt hostilia,
Da robur, fer auxilium.

Uni, trinoque Domino
Sit sempiterna gloria ;
Qui vitam sine termino
Nobis donet in patria.

———

Ave, verum corpus natum
De Maria Virgine :
Vere passum, immolatum
In cruce pro homine :
Cujus latus perforatum
Unda fluxit cum sanguine.
Esto nobis prægustatum

Mortis in examine.
O Jesu dulcis! o Jesu pie !
O Jesu, fili Mariæ !
Tu nobis miserere.

———

Sub tuum præsidium confugimus, sancta Dei genitrix : nostras deprecationes ne despicias in necessitatibus ; sed a periculis cunctis libera nos semper, Virgo gloriosa et benedicta.

℣. Ora pro nobis, sancta Dei genitrix. ℟. Ut digni efficiamur promissionibus Christi.

ORAISON.

Concede nos famulos tuos, quæsumus, Domine, perpetua mentis et corporis sanitate gaudere, et gloriosa beatæ Mariæ semper Virginis intercessione, a præsenti liberari tristitia et æterna perfrui lætitia.

POUR LE PAPE.

Tu es Pastor ovium, princeps Apostolorum : tibi traditæ sunt claves regni cœlorum.

℣. Oremus pro pontifice nostro N... ℟. Dominus conservet eum, et vivificet eum, et beatum faciat eum in terra, et non tradat eum in animam inimicorum ejus.

ORAISON.

Deus, omnium fidelium pastor et rector, famulum tuum N..., quem pastorem Ecclesiæ tuæ præesse voluisti, propitius respice ; da ei, quæsumus, verbo et exemplo quibus præest, proficere, ut ad vitam una cum grege sibi credito perveniat sempiternam.

POUR LA PAIX.

Da pacem, Domine, in diebus nostris, quia non est alius qui pugnet pro nobis, nisi tu, Deus noster.

ỳ. Fiat pax in virtute tua. ℟. Et abundantia in turribus tuis.

ORAISON.

Deus, a quo sancta desideria, recta consilia, et justa sunt opera : da servis tuis illam, quam mundus dare non potest, pacem ; ut et corda nostra mandatis tuis dedita, et hostium sublata formidine, tempora sint tua protectióne tranquilla.

Ut ad veram pœnitentiam nos perducere digneris, te rogamus, audi nos.

Ut Ecclesiam tuam sanctam regere et conservare digneris, te rogamus, audi nos.

Ut domnum apostolicum et omnes ecclesiasticos ordines in sancta religione conservare digneris, te rogamus, audi nos.

Ut inimicos sanctæ Ecclesiæ humiliare digneris, te rogamus, audi nos.

BÉNÉDICTION.

Tantum ergo Sacramentum
Veneremur cernui ;
Et antiquum documentum
Novo cedat ritui :
Præstet fides supplementum
Sensuum defectui.

Genitori, Genitoque
Laus et Jubilatio ;
Salus, honor, virtus quoque
Sit et benedictio :
Procedenti ab utroque
Compar sit laudatio.
Amen.

℣. Panem de cœlo præstitisti eis. ℟. Omne delectamentum in se habentem.

ORAISON.

Deus, qui nobis sub sacramento mirabili passionis tuæ memoriam reliquisti : tribue, quæsumus, ita nos corporis et sanguinis tui sacra mysteria venerari ; ut redemptionis tuæ fructum in nobis jugiter sentiamus. Qui vivis.

APRÈS LA BÉNÉDICTION.

On peut chanter le Laudate, *page 128, ou bien une des invocations suivantes, selon les circonstances ou les prescriptions de Mgr l'Evéque.*

℣. Cor Jesu sacratissimum !

℟. Miserere nobis.   (*Trois fois.*)

℣. Cor Mariæ immaculatum !

℟. Ora pro nobis.   (*Trois fois.*)

℣. Parce, Domine, parce populo tuo :

℟. Ne in æternum irascaris nobis. (*Trois fois.*)

LITANIES DE SAINT PRIVAT.

Kyrie, eleison.	Seigneur, ayez pitié de nous.
Christe, eleison.	Jésus-Christ, ayez pitié de nous.
Kyrie, eleison.	Seigneur, ayez pitié de nous.
Christe, audi nos.	Jésus-Christ, écoutez-nous.
Christe, exaudi nos.	Jésus-Christ, exaucez-nous.
Pater de cœlis Deus, miserere nobis.	Père céleste qui êtes Dieu, ayez pitié de nous.
Fili redemptor mundi Deus, miserere etc.	Fils rédempteur du monde, qui êtes Dieu, ayez pitié de nous.
Spiritus sancte Deus, miserere etc.	Esprit-Saint qui êtes Dieu, ayez etc.
Sancta Trinitas, unus Deus, miserere etc.	Trinité sainte qui êtes un seul Dieu, ayez etc.

Sainte Marie, priez pour nous.

Sainte Mère de Dieu, priez etc.

Sainte Vierge des vierges, priez etc.

Saint Privat, fidèle serviteur de Dieu, priez etc.

Saint Privat, ministre infatigable de l'Evangile, priez etc.

Saint Privat, courant après les brebis infidèles, priez etc.

Saint Privat, apôtre du Gévaudan, priez etc.

Saint Privat, modèle des bons pasteurs, priez etc.

Saint Privat, modèle de fermeté et de patience, priez etc.

Sancta Maria, ora pro nobis.

Sancta Dei Genitrix, ora etc.

Sancta Virgo virginum, ora etc.

Sancte Private, fidelis serve Dei, ora etc.

Sancte Private, indefesse Evangelii præco, ora etc.

Sancte Private, ovium perditarum quæsitor, ora etc.

Sancte Private, Gabalorum apostole, ora etc.

Sancte Private, benorum pastorum exemplar, ora etc.

Sancte Private, fortitudinis et patientiæ exemplar, ora etc.

Sancte Private, in recessu tuo, orationis exemplar, ora etc.

Saint Privat, modèle d'oraison dans votre retraite, priez etc.

Sancte Private, precibus et lacrymis rorem cœli in populum tuum provocans, ora etc.

Saint Privat, attirant par vos prières et vos larmes les bénédictions du ciel sur votre peuple, priez etc.

Sancte Private, nitens cleri speculum, ora etc.

Saint Privat, miroir des parfaits ecclésiastiques, priez etc.

Sancte Private, gemma sanctuarii, ora etc.

Saint Privat, pierre précieuse du sanctuaire, priez etc.

Sancte Private, custos pervigil vineæ Domini, ora etc.

Saint Privat, garde vigilant de la vigne du Seigneur, priez etc.

Sancte Private, stella gallicanæ Ecclesiæ refulgens, ora etc.

Saint Privat, brillante étoile de l'Eglise de France, priez etc.

Sancte Private, summum decus præsulum, ora etc.

Saint Privat, l'ornement des Evêques, priez etc.

Saint Privat, destructeur des idoles, priez etc.

Sancte Private, idolorum destructor, ora etc.

Saint Privat, vainqueur des démons, priez etc.

Sancte Private, dæmonum debellator, ora etc.

Saint Privat, défenseur intrépide de la vérité, priez etc.

Sancte Private, impavide veritatis defensor, ora etc.

Saint Privat, inaccessible aux promesses et aux menaces des païens, priez etc.

Sancte Private, promissis et minis paganorum superior, ora etc.

Saint Privat, sauveur de votre troupeau, priez etc.

Sancte Private, gregis tui salvator, ora etc.

Saint Privat, victime de votre charité ardente, priez etc.

Sancte Private, ardentis civitatis victima, ora etc.

Saint Privat, succombant sous les coups des païens, priez etc.

Sancte Private, paganorum veribus contuse, ora etc.

Saint Privat, expirant entre les bras de vos enfants, priez etc.

Sancte Private, in manibus tuorum animam effundens.

Sancte Private, Christi confessor et martyr, ora etc.

Saint Privat, confesseur et martyr, priez etc.

Sancte Private, benevola potentia post necem egregie, ora etc.

Saint Privat, devenu après votre mort notre puissant bienfaiteur, priez etc.

Sancte Private, miraculis clarissime, ora etc.

Saint Privat, brillant de la gloire de vos miracles, priez etc.

Sancte Private, dissidiorum civium sedator, ora etc.

Saint Privat, apaisant les dissensions civiles, priez etc.

Sancte Private, clientibus tuis præsidium, ora etc.

Saint Privat, l'appui de tous ceux qui vous invoquent, priez etc.

Sancte Private, diœcesis Mimatensis patrone, ora etc.

Saint Privat, patron de notre diocèse, priez etc.

Sancte Private, intercessor noster potentissime, ora etc.

Saint Privat, notre puissant intercesseur, priez etc.

Sancte Private, ægrotantium salus, ora etc.

Saint Privat, opérant la guérison des malades, priez etc.

Priez pour nous, afin que nous soyons guéris de nos maladies spirituelles.

Priez pour nous, afin que nous conservions le précieux dépôt de la foi que vous avez prêchée à nos pères.

Priez pour nous, afin que nous nous fortifiions chaque jour dans l'espérance des biens éternels.

Priez pour nous, afin que nous croissions dans la connaissance et l'amour de Jésus-Christ.

Priez pour nous, afin que nous exercions notre charité sans bornes à l'égard de tous nos frères.

Priez pour nous, afin que nous rendions le bien

Ut anima nostra ab omni labe peccati expurgetur, Te rogamus, audi nos.

Ut pretiosum fidei, quam patres docuisti, depositum custodiamus, Te rogamus etc.

Ut in spe cælestium bonorum quotidie roboremur, Te rogamus etc.

Ut crescamus in cognitione et charitate Christi, Te rogamus etc.

Ut nimiam charitatem tuam in fratres nostros exerceamus, Te rogamus etc.

Ut inimicis nostris bonum pro malo rependamus, Te rogamus etc.

Ut nec blanditiis, nec dicteriis, nec minis a fide declinemus, Te rogamus etc.

Ut cum metu et tremore salutem nostram operemur, Te rogamus etc.

Ut tentationes in vita, præsertim in exitu nostro superemus, Te rogamus etc.

Ut mortem æternam devitemus, Te rogamus etc.

Ut Deus nobis perseverantiæ donum largiatur, Te rogamus etc.

Ut felicitate per-

pour le mal à nos ennemis.

Priez pour nous, afin que nous ne soyons jamais ébranlés dans notre religion, ni par les caresses, ni par les railleries, ni par les menaces du monde.

Priez pour nous, afin que nous opérions notre salut avec crainte et tremblement.

Priez pour nous, afin que nous soyons délivrés des tentations en cette vie, et surtout à l'heure de notre mort.

Priez pour nous, afin que nous évitions la mort éternelle.

Priez pour nous, afin que Dieu nous donne la grâce de la persévérance.

Priez pour nous, afin

que nous ayons le bonheur de vous être réunis dans le ciel.

Agneau de Dieu, qui effacez les péchés du monde, pardonnez-nous, Seigneur.

Agneau de Dieu, qui effacez les péchés du monde, exaucez-nous, Seigneur.

Agneau de Dieu, qui effacez les péchés du monde, ayez pitié de nous.

℣. C'est lui qui a été le pasteur de nos pères : ℟. Et qui a reçu des paroles de vie pour nous les donner.

petua tecum satiemur in cœlo, Te rogamus etc.

Agnus Dei, qui tollis peccata mundi, Parce nobis, Domine.

Agnus Dei, qui tollis peccata mundi, Exaudi nos, Domine.

Agnus Dei, qui tollis peccata mundi, Miserere nobis.

℣. Hic est qui fuit in Ecclesia cum patribus nostris : ℟. Qui accepit verba vitæ dare nobis.

ORAISON.

Dieu puissant, qui, par la prédication du bienheureux Privat, votre Martyr et votre Pontife, avez fait passer à la lumière admirable de l'Evangile des

Deus, qui beati Privati, Martyris tui atque Pontificis, prædicatione de infidelitatis tenebris populos in admirabile Evangelii lumen transtulisti : fac ut ejus intercessione crescamus in gratia et cognitione Domini nostri Jesu Christi qui tecum vivit et regnat in unitate Spiritus Sancti Deus, per omnia sæcula sæculorum.

Amen.

peuples ensevelis dans les ténèbres de l'infidélité , faites que, par son intercession, nous croissions de plus en plus dans la grâce et la connaissance de Notre - Seigneur Jésus-Christ, votre Fils, qui vit et règne avec vous, dans l'unité du Saint-Esprit, pendant les siècles des siècles.

Ainsi soit-il.

PRIÈRE A SAINT PRIVAT.

Grand saint Privat, à qui Dieu a spécialement confié les intérêts spirituels et temporels de tous les fidèles du diocèse de Mende, je vous honore comme mon tendre père, mon protecteur, mon intercesseur, mon médiateur auprès de la divine Majesté. Je vous rends tous les hommages que ces différentes qualités demandent de moi : je bénis le

Seigneur pour tous les bienfaits dont sa miséricorde vous a comblé sur la terre, et pour ceux dont il a couronné vos travaux, vos vertus et vos mérites dans le ciel ; je lui offre de très-humbles actions de grâces pour le grand moyen de salut qu'il veut bien m'accorder dans votre protection si puissante auprès de lui.

Daignez, ô grand Saint, vous qui, durant votre vie et depuis votre mort, avez opéré un si grand nombre de miracles, et qui obtenez encore chaque jour toute sorte de faveurs à ceux qui vous invoquent, daignez intercéder pour moi, obtenez-moi (*désigner ici la grâce qu'on demande*). Mais, si ce que je sollicite n'est pas le plus avantageux pour la gloire de Dieu et mon salut éternel, redressez ma demande ; obtenez-moi de plus la grâce d'une sincère conversion, l'amour de la prière, l'union intime avec Dieu, un ardent

amour pour lui, une parfaite charité
pour le prochain, la douceur, l'humilité, l'amour de la croix, enfin la grâce
d'une sainte mort. Obtenez-moi toutes
ces faveurs, ô mon glorieux Protecteur, je vous en conjure par l'amour
très-embrasé que vous avez eu pour
Dieu, par la dévotion tendre dont vous
avez été animé envers la sainte Vierge
et les neuf chœurs des Anges. Ainsi
soit-il.

O mon Dieu ! qui avez voulu faire
entrer dans le sein de votre Eglise le
peuple du Gévaudan par les prédications, les saints exemples et les miracles de saint Privat, faites-moi la
grâce d'imiter la foi, la charité et les
autres vertus de cet illustre martyr.
Mes misères sont grandes, mes faiblesses sont extrêmes : les maux et
les infirmités de cette vie m'accablent.
Daignez, Seigneur, mon Créateur et
mon Père, jeter sur moi des regards

de miséricorde ; écoutez mes soupirs, voyez couler mes larmes, soyez sensible à mes malheurs ; faites-les cesser, en m'accordant, par l'intercession de saint Privat, votre glorieux apôtre, les faveurs que j'ose solliciter de votre bonté paternelle. Ainsi soit-il.

CHAPITRE XIV.

ITINÉRAIRE.

Avant de se mettre en route, les pèlerins n'oublieront pas de recommander leur voyage à Dieu. — Ils se placeront sous la protection de la sainte Vierge, des saints Anges gardiens et de saint Privat. Dans ce but, ils réciteront les invocations suivantes :

O Marie, conçue sans péché, priez pour nous ;

Tous nos saints Anges gardiens, priez pour nous ;

Saint Privat, notre glorieux patron, priez pour nous.

PRIÈRES ABRÉGÉES DE L'ITINÉRAIRE.

Seigneur, ayez pitié de nous.
Christ, ayez pitié de nous.
Seigneur, ayez pitié de nous.
Notre Père, etc.

℣. Rendez saufs vos serviteurs.

℟. Mon Dieu, ils espèrent en vous.

℣. Du Saint des Saints, envoyez-leur secours.

℟. Des hauteurs de Sion, protégez-les.

℣. Seigneur, exaucez ma prière.

℟. Et que mon cri parvienne jusqu'à vous.

ORAISON.

O Dieu, qui aviez fait passer la mer à pied sec aux fils d'Israël ; qui, par une étoile, avez tracé aux trois mages la route qui les conduisit à vous ; accordez, s'il vous plaît, à ces pèlerins bon chemin et temps favorable, afin que, sous la conduite de leurs Anges, ils arrivent heureusement au sanctuaire qu'ils désirent visiter, et plus tard au port du salut éternel, par Jésus-Christ Notre-Seigneur. Ainsi soit-il.

AVIS. Les pèlerins garderont en chemin un grand esprit de recueillement, marchant sous les regards du Seigneur. Pour rompre la monotonie, ils réciteront de temps en temps quelque prière vocale, comme le chapelet, les litanies de la sainte Vierge, les litanies

de saint Privat, etc. Ils pourront chanter, surtout s'ils marchent en groupe,
quelque cantique en l'honneur de saint
Privat.

Que les sentiments pieux qui les
auront animés en allant à la sainte
grotte, les animent encore à leur retour chez eux !

CANTIQUES

*Qu'on pourrait chanter durant le pèlerinage
à la sainte grotte.*

CANTIQUE DU SACRÉ-CŒUR.

Pitié, mon Dieu ! c'est pour notre patrie
Que nous prions au pied de cet autel ;
Les bras liés et la face meurtrie,
Elle a porté ses regards vers le ciel.

REFRAIN.

Dieu de clémence,
O Roi vainqueur !
Sauvez Rome et la France
Au nom du Sacré-Cœur.   *bis.*

Pitié, mon Dieu ! sur un nouveau Calvaire
Gémit le Chef de votre Eglise en pleurs ;
Glorifiez le successeur de Pierre
Par un triomphe égal à ses douleurs.

Pitié, mon Dieu ! la Vierge immaculée
N'a pas en vain fait entendre sa voix ;
Sur notre terre ingrate et désolée
Les fleurs du ciel croîtront comme autrefois.

Pitié, mon Dieu ! pour tant d'hommes fragiles,
Vous outrageant, sans savoir ce qu'ils font ;
Faites renaître en traits indélébiles,
Le sceau du Christ imprimé sur leur front !

Pitié, mon Dieu ! votre Cœur adorable
A nos soupirs ne sera pas fermé :
Il nous convie au mystère ineffable
Qui ravissait l'Apôtre bien-aimé.

Pitié, mon Dieu ! que la source de vie
Auprès de nous ne coule pas en vain...
Mais qu'en ces lieux Marguerite-Marie
Nous associe à son tourment divin.

Pitié, mon Dieu ! quand, à votre servante,
De votre Cœur vous dévoiliez l'amour,

Vous avez vu la France pénitente
A ce trésor venant puiser un jour.

Pitié, mon Dieu ! trop faibles sont nos âmes
Pour désarmer votre juste courroux ;
Embrasez-les de généreuses flammes
Et rendez-les moins indignes de vous.

Pitié, mon Dieu ! si votre main châtie
Un peuple ingrat qui semble le braver,
Elle commande à la mort, à la vie ;
Par un miracle elle peut nous sauver.

CANTIQUE A LA SAINTE VIERGE.

REFRAIN.

O Marie, ô Mère chérie !   [jours ;
Garde au cœur des Français la foi des anciens
Entends du haut du ciel le cri de la patrie : } bis.
Catholique et Français toujours !... ter. }

Aux pieds de la Vierge chérie,
Tombe à genoux, peuple chrétien !...
Et que ta bannière bénie
S'incline en ce lieu trois fois saint !

Reine puissante, notre égide,
Ton peuple ne veut pas mourir :
Écrase un ennemi perfide ;
Empêche la foi de périr.

Console-toi, Vierge Marie,
La France revient à son Dieu ;
Viens, souris à notre patrie,
D'être chrétienne elle a fait vœu.

Elle remplit le sanctuaire !
Elle accourt dans tes saints parvis !
Grâce, grâce, ô puissante Mère,
Fléchis le cœur de Dieu, ton Fils !

Rends la couronne à notre Père,
Sur son peuple qu'il règne encor !
Et que le successeur de Pierre
Coule enfin des jours tissus d'or.

Dieu pardonne au peuple qui prie
L'auguste Mère de Jésus.
Effaçons notre perfidie
Et faisons fleurir les vertus !

Elle reviendra, notre gloire !...
Elle revivra, notre foi !

Nous retrouverons la victoire
Sous les drapeaux du divin Roi ! ..

La France demeure fidèle
A l'Eglise, au Pontife-Roi ;
Elle est à toi, veille sur elle ;
Garde-lui son Christ et sa foi.

CHANT A MARIE.

Reine des cieux,
Jette les yeux
Sur ce béni sanctuaire,
Et des pécheurs
Guéris les cœurs,
Et montre-toi notre Mère. (*bis.*)

Entends nos vœux,
Rends-nous heureux
En nous donnant la victoire,
Et pour jamais
De tes bienfaits
Nous garderons la mémoire. (*bis.*)

Mets en nos cœurs
Les belles fleurs,
Symboles de l'innocence,

Conserve-nous
Les dons si doux
De foi, d'amour, d'espérance. (*bis.*)

Des noirs enfers
Brise les fers,
Les fers de son esclavage ;
Eteins les feux
De l'antre affreux,
Et sauve-nous de sa rage. (*bis.*)

Astre des mers,
Des flots amers
Calme la vague écumante ;
Chasse la mort
Et mène au port
Notre nacelle tremblante. (*bis.*)

Ne souffre pas
Que le trépas
Nous surprenne dans le crime :
Non, ton enfant
Du noir serpent
Ne sera point la victime. (*bis.*)

Si les accents
De tes enfants

S'élèvent jusqu'à ton trône,
    Dans ce séjour
    Du bel amour
Garde-leur une couronne. (*bis.*)

    Accorde-nous
    De t'aimer tous
Dans la céleste patrie ;
    Et d'y fêter
    Et d'y chanter
L'aimable nom de Marie !

CANTIQUE A SAINT PRIVAT.

Sur l'air : *Catholique et Breton toujours.*

REFRAIN.

Saint Privat, à votre assistance
Nous venons recourir en ces malheureux jours ;
Qu'il monte jusqu'à vous, ce cri de confiance : *bis*
    Saint Privat, à notre secours !... (*ter.*)

Du haut de la sainte colline
Où nous venons porter nos vœux,
Que votre cœur vers nous s'incline,
Entendez nos accents pieux.

Au sein de la grotte bénie,
Témoin de vos saintes ardeurs,
Nous accourons puiser la vie ;
Répandez sur nous vos faveurs.

Voyez de tout côté la guerre
Livrée au Seigneur, à sa loi ;
Préservez-en votre Lozère,
Gardez-lui son antique foi.

Voyez les larmes de l'Eglise,
Son Pontife dans les douleurs :
Hâtez la victoire promise ;
Venez enfin sécher nos pleurs.

Voyez les malheurs de la France ;
Le monde n'entend plus sa voix
Ah ! renouez son alliance
Avec son Christ, avec sa Croix

De l'Eglise et de la Patrie ,
Alors finiront les soupirs ;
Alors une nouvelle vie
Du ciel comblera les désirs !

Et loin de votre bergerie
Voyez nos frères égarés

Arrachez-les à l'hérésie ;
Sauvez vos enfants bien-aimés !

Sur nous, sur la Lozère entière
Répandez toujours vos bienfaits ;
Et quand viendra l'heure dernière,
Ouvrez-nous le séjour de paix !

L'abbé Figuière.

CANTIQUE A SAINT PRIVAT.

Sur l'air du cantique de saint Louis de Gonzague :
O toi, dont nous aimons.

O toi, dont nous aimons à chanter la victoire !
Toi, que nous aimons à bénir !
De tes enfants d'exil, au séjour de la gloire,
Privat, garde le souvenir.
Pour visiter ton sanctuaire,
Nous avons devancé le jour :
Prête l'oreille à la prière.
Qu'exhalent nos cœurs pleins d'amour.

REFRAIN.

Guide nos pas vers la patrie
Que tu conquis par tes vertus !
Offre nos soupirs à Marie :
Défends-nous auprès de Jésus.

[montagnes
C'est pour t'offrir nos vœux que du sein des
      A ton autel nous accourons.
Verse sur nous tes dons, féconde nos campagnes,
      Nos près, nos champs et nos vallons.
      Accepte le tribut d'hommage
      Que nous t'offrons en ce saint jour !
      Bénis notre pèlerinage !
      A toi nous sommes sans retour !

L'Eglise est dans le deuil, ses enfants en souf-
      De la vertu sois le gardien !   [france !
Préserve-nous des maux ; fais luire l'espérance !
      De l'orphelin sois le soutien !
      Dans cette grotte solitaire
      Nos pères aimaient à prier :
      Comme eux, affligés sur la terre,
      Privat, nous venons t'invoquer !

Privat, entends nos voix, exauce nos prières,
      Montre-nous le chemin des cieux !
[sères :
Père, tends-nous les bras, tu connais nos mi-
      Viens au secours des malheureux !
      Autour de nous mugit l'orage ;
      Chaque flot nous prédit la mort :

Sauve notre esquif du naufrage,
Conduis-le sûrement au port !

L'abbé M.

AUTRE CANTIQUE A SAINT PRIVAT.

Sur l'air : *Catholique et Breton toujours.*

REFRAIN.

Saint Privat, ton doux nom de **Père**
Fait l'espoir de nos cœurs, en ces malheureux
[jours !
Que par toi, jusqu'à Dieu monte notre prière !
Nous serons tes enfants toujours !...

Saint Privat, garde ta famille,
De l'enfer qui souffle à plein vent !...
N'es-tu pas le soleil qui brille,
Dans le temple du Dieu vivant ?

La foudre gronde sur nos têtes...
Sous nos pieds mugit l'océan...
Notre ciel est noir de tempêtes !...
Laisseras-tu régner Satan ?

Au palais, comme à la chaumière,
Garde-nous la foi pour trésor !

Pour verser sur nous la lumière,
N'es-tu pas le chandelier d'or ?

Chaque jour une presse impure
S'en prend à notre pauvre cœur :
Mais pour le garder de souillure,
N'es-tu pas le sel du Seigneur ?

Veille sur la brebis fidèle,
L'espérance de ton troupeau !
Ramène au bercail l'infidèle...
En te pliant sous son fardeau !

Garde l'étoile de la France,
Qui disparaît à l'horizon !
Abrége sa longue souffrance !
Fais-lui recouvrer la raison !

Garde au loin la barque de Pierre
Qui vogue sur un noir volcan !...
Et délivre notre Saint-Père,
De sa prison du Vatican !

Mon Dieu, ne pèse pas nos crimes !
Mais le sang de ton serviteur !
Si tu demandes des victimes...
Pour nous mourut le bon Pasteur !

L'abbé LOUCHE.

ANCIEN CANTIQUE DE SAINT PRIVAT.

REVU ET CORRIGÉ.

Sur l'air : *Unis au concert des anges.*

Célébrons dans nos cantiques,
Notre Patron glorieux,
Dont les vertus héroïques
Lui méritèrent les cieux.
Cette grotte solitaire,
Témoin de sa vive foi,
Nous dit que ce tendre père
Prêcha la divine loi.

Le démon, fauteur des crimes,
Trompait les faibles mortels ;
Le sang de mille victimes
Ruisselait sur ses autels.
Mais Privat, par son courage,
A travers tous les dangers,
Renversa sur son passage
Les oracles mensongers.

Croix de Jésus, ta présence
Touche et convertit les cœurs :
Fais éclater ta puissance,

VIE DE S. PRIVAT.   15

Viens triompher des erreurs.
Tombez, idoles muettes,
Vil ouvrage du démon,
Abandonnez vos conquêtes ;
Dieu veut exalter son nom.

De la foi dans nos contrées
Brille le divin flambeau :
Venez, brebis égarées,
Au pâturage nouveau.
Là, coulent des eaux limpides,
Source de paix, de bonheur :
Accourez, âmes avides,
Désaltérer votre ardeur.

Foi céleste, que tes charmes
Sont dignes de nos transports !
Tu viens pour sécher nos larmes.
Soutiens, bénis nos efforts.
Par toi, l'immense Sagesse
Laisse entrevoir ses rayons ;
La charité, qui nous presse,
Nous enrichit de ses dons.

Armé de tes saints oracles,
Privat apporta la paix :
Par ses vertus, ses miracles.

Il répandit les bienfaits.
Le ciel bénit sa constance.
Et la moisson du Seigneur,
Par une heureuse abondance,
Consola ce bon Pasteur.

Son sang qu'une main cruelle,
Osa verser sur nos maux,
Scella l'œuvre de son zèle
En couronnant ses travaux.
Martyr, il vit le calvaire,
En disciple généreux :
Invoquons ce tendre père :
Il règne en vainqueur aux cieux.

Grand saint, soyez notre asile,
Protégez vos chers enfants :
De notre vertu fragile,
Rendez les efforts constants.
Si le souffle impur du vice,
Nos âmes voulait flétrir,
Montrez-nous le précipice,
Et daignez nous secourir.

———

CHAPITRE XV.
CHEMIN DE LA CROIX.

Je vous salue, ô Croix sainte, mon unique espérance, la gloire et le salut du monde ! que les justes trouvent en vous une augmentation de sainteté, et les pécheurs le pardon de leurs péchés.

O Crux, ave, spes unica,

Mundi salus et gloria !

Piis adauge gratiam,

Reisque dele crimina.

Vive Jésus, vive sa croix !
Oh ! qu'il est bien juste qu'on l'aime,
Puisqu'en expirant sur ce bois,
Il nous aima plus que lui-même !
Disons donc tous à haute voix :
Vive Jésus, vive sa Croix !

PRIÈRE PRÉPARATOIRE.

O Jésus, notre aimable Sauveur ! nous voici humblement prosternés à vos pieds, afin d'implorer votre divine miséricorde pour nous et pour les âmes des fidèles qui sont morts. Daignez nous appliquer à tous les mérites infinis de votre sainte Passion, que nous allons méditer. Faites que dans cette voie de soupirs et de larmes où nous entrons, nos cœurs soient tellement contrits et repentants, que nous embrassions avec joie toutes les contradictions, les souffrances et les humiliations de cette vie.

Et vous, ô divine Marie ! qui la première nous avez enseigné à faire le Chemin de la Croix, obtenez de l'adorable Trinité qu'elle daigne accepter, en réparation de tant d'injures qui lui sont faites, les affections de douleur et d'amour dont l'esprit vivificateur nous favorisera pendant ce saint exercice.

Suivons sur la montagne sainte
Notre Sauveur sanglant, défiguré,

Et marchons après lui sans crainte,
Sous le poids de l'arbre sacré.

Mère sainte, daignez opérer en moi ce prodige ; imprimez fortement dans mon cœur les plaies de Jésus crucifié.	Sancta Mater, istud agas, Crucifixi fige plagas Cordi meo valide.

Seigneur, malgré votre innocence,
C'est moi, cruel, qui vous livre au trépas.
Se peut-il que votre vengeance
De ses traits ne m'accable pas !

Sancta Mater, etc.

Iʳᵉ Station.

℣. Nous vous adorons, ô Jésus ! et nous vous bénissons ;	℣. Adoramus te, Christe, et benedicimus tibi ;
℟. Parce que vous avez racheté le monde par votre sainte croix.	℟. Quia per sanctam crucem tuam redemisti mundum.

JÉSUS EST CONDAMNÉ A MORT.

Considérons la soumission admirable de Jésus, lorsqu'il reçoit cette injuste sentence, et tâchons de bien nous persuader que ce ne fut pas seulement Pilate qui le condamna, mais nous tous ici présents, et tous les pécheurs de l'univers qui demandaient sa mort. Disons-lui donc, pénétrés de la plus vive douleur :

O adorable Jésus ! puisque ce sont nos crimes qui vous ont conduit au trépas, faites que nous les détestions de tout notre cœur, afin que notre repentir et notre pénitence nous obtiennent pardon et miséricorde. *Pater, Ave, Gloria, Miserere, etc.*

℣. Miserere nostri, Domine.

℟. Miserere nostri.

℣. Fidelium animæ, per misericordiam Dei, requiescant in pace.

℟. Amen.

℣. Ayez pitié de nous, Seigneur.

℟. Ayez pitié de nous.

℣. Que par la miséricorde de Dieu, les âmes des fidèles trépassés reposent en paix.

℟. Ainsi soit-il.

Hélas, sous cette croix pesante,
Divin Agneau, vous portez nos péchés :
C'est sur votre chair innocente
Que l'amour les tient attachés.

Sancta Mater, etc.

IIe Station.

V. Adoramus te, etc., *comme ci-dessus.*

JÉSUS EST CHARGÉ DE SA CROIX.

Considérons avec quelle douceur notre divin Maître reçoit sur ses épaules meurtries et ensanglantées le terrible instrument de son supplice. C'est ainsi qu'il veut nous enseigner à porter notre croix, en acceptant, avec la plus grande résignation, les maux qui nous sont envoyés du ciel, ou qui nous viennent de la part des créatures.

O doux Jésus ! ce n'était point à vous à porter cette croix, puisque vous étiez innocent ; mais à nous, misérables pé-

cheurs, chargés de toutes sortes d'iniquités. Donnez-nous donc la force de
vous imiter, en supportant sans mur-
mure les revers et les disgrâces de
cette vie, qui, dans l'ordre de votre
providence paternelle, doivent être
pour nous l'occasion de satisfaire à
votre justice, et le moyen d'arriver à
la céleste patrie. *Pater, Ave, Gloria,
Miserere, etc.*

> O ciel ! le Dieu de la nature
> Tombe affaibli sous son cruel fardeau,
> Et sa perfide créature,
> Sans pitié devient son bourreau !
>
> *Sancta Mater, etc.*

IIIe Station.

℣. Adoramus te, etc.

JÉSUS TOMBE SOUS LE POIDS DE SA CROIX.

Considérons Jésus-Christ entré dans
la route du Calvaire. Le sang qu'il
avait répandu dans la flagellation et

le couronnement d'épines l'a tellement
affaibli, qu'il tombe sous son pesant
fardeau et ne se relève qu'après les
outrages les plus sanglants, qu'il en-
dure sans témoigner aucun sentiment
d'indignation. Voilà comment il a
voulu expier toutes nos chutes, et
nous apprendre à nous relever par les
austérités de la pénitence, quand nous
avons eu le malheur de tomber dans
l'abîme du péché.

O bon Jésus ! tendez-nous une main
secourable, au milieu de tant de dangers auxquels nous sommes exposés.
Daignez nous fortifier dans nos faiblesses, afin qu'après vous avoir suivi
courageusement sur le Calvaire, nous
puissions y goûter les fruits délicieux
de l'arbre de vie, et devenir éternellement heureux avec vous. *Pater, Ave,
Gloria, Miserere, etc.*

Où allez-vous, divine Mère ?

Où allez-vous, Marie ? ah ! je frémis ;
Bientôt, sur ce triste Calvaire,
Va mourir votre aimable Fils.

Sancta Mater, etc.

IVe Station.

℣. Adoramus te, etc.

JÉSUS RENCONTRE SA TRÈS-SAINTE MÈRE.

Considérons combien il fut douloureux pour ce divin Fils, de voir cette Mère chérie dans des circonstances si cruelles ; et pour Marie, de voir son aimable Fils traîné inhumainement par une troupe de scélérats, au milieu d'un peuple innombrable qui le charge d'injures. A cette vue, son cœur maternel est percé de mille glaives, et est livré à toutes les angoisses. Elle voudrait délivrer notre Sauveur, et l'arracher des mains de ses bourreaux : mais elle sait qu'il faut que notre salut s'opère ainsi. Unissant donc le sacrifice de son amour à celui de son Fils , elle partage toutes ses souffrances, et s'attache à lui jusqu'au dernier soupir.

O Marie, mère de douleur ! obtenez-nous cet amour ardent avec lequel vous accompagnâtes Jésus-Christ sur la montagne sainte, et cette fermeté que vous fîtes paraître au pied de la croix, afin que nous y demeurions constamment avec vous, et que rien ne puisse jamais nous en séparer. *Pater, Ave, Gloria, Miserere, etc.*

> Puisque c'est moi qui suis coupable,
> Retirez-vous, faible Cyrénéen ;
> Je veux seul, ô croix adorable !
> Vous porter, mais en vrai chrétien.

Sancta Mater, etc.

Vᵉ Station.

℣. Adoramus te, etc.

SIMON LE CYRÉNÉEN AIDE JÉSUS
A PORTER SA CROIX.

Considérons la grande bonté de Jésus-Christ envers nous. S'il permet qu'on l'aide à porter sa croix, ce n'est pas qu'il manque de force, étant celui qui soutient l'univers, mais il veut nous enseigner à unir nos souffrances aux siennes, et à partager avec lui son calice d'amertume.

O Jésus, notre Maître ! vous en avez bu le plus amer, et vous ne nous en avez laissé que la plus petite partie. Ne permettez pas que nous soyons assez ennemis de nous-mêmes pour la refuser. Faites, au contraire, que nous l'acceptions volontiers, afin de nous rendre dignes de participer aux torrents de délices dont vous enivrez vos élus dans la terre des vivants. *Pater, Ave, Gloria, Miserere, etc.*

Seigneur, hélas ! qu'est devenue

Votre beauté qui réjouit les Saints ?
Faibles mortels, à cette vue,
Serez-vous endurcis et vains ?

Sancta Mater, etc.

VIᵉ Station.

℣. Adoramus te, etc.

UNE FEMME PIEUSE ESSUIE LA FACE
DE JÉSUS-CHRIST.

Considérons l'action héroïque de cette sainte femme qui s'avance à travers la foule des soldats pour voir son divin Maître. Elle l'aperçoit tout couvert de crachats, de poussière, de sueur et de sang. Un tel spectacle attendrit son âme jusqu'aux larmes ; et son amour la mettant au-dessus de toute crainte, elle s'approche de Jésus, essuie ce visage défiguré, cette auguste face qui ravit tous les Saints, devant laquelle les Anges se couvrent de leurs ailes, ne pouvant en soutenir l'éclat.

O Jésus, le plus beau des enfants des hommes ! en quel état vous a réduit votre amour pour nous ! Non, jamais vous n'avez été plus digne de nos adorations et de nos hommages. Nous vous adorons donc, et, prosternés devant votre divine Majesté, nous vous supplions d'oublier toutes nos offenses, et de rendre à notre âme son ancienne beauté qu'elle a perdue par le péché. *Pater, Ave, Gloria, Miserere, etc.*

> Sous les coups des bourreaux perfides
> Jésus-Christ tombe une seconde fois ;
> Et ces infâmes déicides
> Le voudraient déjà sur la croix.

> *Sancta Mater, etc.*

VIIᵉ Station.

℣. Adoramus te, etc.

JÉSUS TOMBE A TERRE POUR LA SECONDE FOIS.

Considérons l'Homme-Dieu, succombant derechef. Contemplons cette

sainte victime étendue par terre sous
le faix horrible du bois de son sacrifice, exposée de nouveau à la cruauté
des soldats et de ses meurtriers. C'est
encore pour nous donner des preuves
de son amour infini que Jésus-Christ
permet cette seconde chute. Il veut
aussi nous montrer par là que, retom-
bant si souvent dans le péché, nous
ne devons néanmoins jamais perdre
confiance, mais tout espérer de sa miséricorde ; et qu'au milieu des plus
grandes afflictions, il ne faut pas se
laisser aller au découragement ; que
la voie du ciel est semée de ronces et
d'épines ; que, pour être glorifié, il
faut auparavant passer par le creuset
des souffrances.

O Jésus notre force ! préservez-nous
de toute rechute ; et ne permettez pas
que nous ayons le malheur, en nous
perdant, de rendre inutiles tant de fatigues et de peines que vous avez en-

durées pour nous délivrer de la mort
éternelle. *Pater, Ave, Gloria, Miserere,*
etc.

> Ne pleurez point sur mes souffrances ;
> Pleurez sur vous, ô filles d'Israël !
> Afin que le Dieu des vengeances
> Ait pour vous un cœur paternel.

Sancta Mater, etc.

VIIIᵉ Station.

℣. Adoramus te, etc.

JÉSUS CONSOLE LES FILLES D'ISRAEL
QUI LE SUIVENT.

Admirons ici la générosité incomparable de Jésus-Christ. Il oublie, pour
ainsi dire, ses propres souffrances,
afin de ne s'occuper que de celles des
saintes femmes, et de leur procurer
les consolations dont elles avaient besoin dans le grand abattement où son
état déplorable les avait jetées. En
leur recommandant de ne point pleu-

rer sur lui, mais plutôt sur elles-mêmes et sur leur perfide patrie, il nous a fait sentir que son cœur serait peu sensible à notre compassion, si nous ne commencions par pleurer nos péchés, qui sont la seule cause de ses douleurs.

O aimable Jésus! vrai consolateur des âmes affligées, daignez jeter sur nous des regards de tendresse et de miséricorde; faites-nous la grâce de vous accompagner constamment dans le Chemin de la Croix avec les filles de Jérusalem, afin d'y entendre, comme elles, des paroles de vie, et d'y jouir de vos ineffables consolations. *Pater, Ave, Gloria, Miserere, etc.*

> Seigneur, vous tombez de faiblesse,
> N'êtes-vous plus le Dieu puissant et fort?
> C'est le péché qui vous oppresse,
> Et conduit vos pas à la mort.
>
> *Sancta Mater, etc.*

IXᶜ Station.

℣. Adoramus te, etc.

JÉSUS TOMBE POUR LA TROISIÈME FOIS.

Considérons l'aimable Jésus arrivé au sommet du Calvaire. Il jette alors ses regards sur le lieu où il va bientôt être sacrifié à la fureur de ses ennemis. Ce qui l'occupe en ce moment, ce sont nos chutes sans fin, et l'inutilité de son sang pour le grand nombre des pécheurs. Cette pensée cruelle le consterne, et afflige son tendre cœur plus que tous les supplices qu'il doit encore souffrir. Elle jette son âme dans une profonde tristesse et dans un si cruel abattement, que ses forces venant à lui manquer, comme dans son agonie, il se laisse aller la face contre terre.

O Jésus! victime d'amour, voici donc que vous allez être immolé pour le sa-

lut des hommes ! Daignez nous appliquer les mérites de votre sacrifice dans
le temps, afin que nous puissions vous
offrir celui de vos louanges pendant l'é-
ternité. *Pater, Ave, Gloria, Miserere, etc.*

> Venez et déployez vos ailes,
> Anges du ciel, sur votre Créateur,
> Voilez ses blessures cruelles,
> Et ce corps navré de douleurs.

Sancta Mater, etc.

Xe Station.

℣. Adoramus te, etc.

JÉSUS EST DÉPOUILLÉ DE SES VÊTEMENTS.

Considérons combien fut grande la
douleur de Jésus-Christ, lorsque les
bourreaux lui arrachèrent ses habits.
Toutes les plaies qu'il avait reçues, et
qui avaient collé sa robe contre sa
chair sacrée, se rouvrirent en ce moment, pour lui faire souffrir à la fois
tous les tourments de la flagellation.

Mais ce qui lui fut encore bien plus sensible, c'était de se voir exposé tout nu à la vue d'une foule immense de spectateurs.

O Jésus ! divin Agneau, vous voilà donc parvenu au lieu de votre supplice sans que vous ayez ouvert la bouche pour vous plaindre. Ah ! que votre silence est éloquent et énergique ! Avec quelle force ne nous prêche-t-il pas la nécessité de réprimer nos impatiences et nos murmures ! Vous vous laissez encore dépouiller de vos vêtements, pour expier le malheur que nous avons eu de perdre le don précieux de la grâce. Daignez donc nous le faire recouvrer, et nous dépouiller entièrement du vieil homme, afin que nous ne vivions plus que selon les sentiments de votre cœur adorable. *Pater, Ave, Gloria, Miserere, etc.*

Que faites-vous, peuple barbare ?
Vous allez donc consommer vos forfaits ?

Ce bois est le lit qu'on prépare
A Jésus pour tant de bienfaits !
Sancta Mater, etc.

XIᵉ Station.

℣. Adoramus te, etc.

JÉSUS-CHRIST EST ATTACHÉ A LA CROIX.

Considérons Jésus-Christ s'offrant à ses bourreaux pour être crucifié, et s'étendant lui-même sur l'arbre de la croix. Quel tourment ne dut-il pas endurer, dans le temps que les coups de marteau enfonçaient les clous dans ses pieds et dans ses mains adorables ! Alors sa chair se déchire, ses os se froissent, ses nerfs se rompent, ses veines se brisent, le sang, coulant à grands flots, épuise ses forces et ajoute à de si horribles supplices celui de la soif la plus ardente.

O péché, maudit péché ! c'est toi qui fus la cause de cette mer de douleur dans laquelle nous contemplons la Victime de notre salut. Ah! chrétiens. quel excès d'amour, quelle immense charité! Qu'à cette vue, nos cœurs se déchirent et s'embrasent! qu'ils renoncent à tous les plaisirs de la terre! qu'ils soient sans cesse crucifiés avec celui de Jésus, et que nos yeux versent jour et nuit des torrents de larmes! *Pater, Ave, Gloria, Miserere, etc.*

> Le soleil, à ce crime horrible,
> Voile l'éclat de son front radieux ;
> Et la créature insensible
> Ne peut voir ce spectacle affreux.

Sancta Mater, etc.

XIIe Station.

V̌. Adoramus te, etc.

JÉSUS MEURT SUR LA CROIX.

Considérons Jésus, le Dieu de toute sainteté, expirant entre deux scélérats, et admirons la douceur et la force de

son amour. Il demande à son Père le
pardon de ses bourreaux ; il promet sa
gloire au bon larron ; il recommande
sa Mère au disciple bien-aimé ; il remet
son âme entre les mains de son Père ;
il annonce que tout est consommé, et
il expire pour nous. Dans le même instant, toutes les créatures publient sa
divinité ; la nature entière s'attriste,
et semble vouloir s'anéantir en voyant
expirer son Créateur.

O pécheurs ! n'y aura-t-il que vous
qui demeurerez insensibles à ce spectacle si attendrissant ? Jetez un regard
sur votre Sauveur, voyez l'état affreux
où vos crimes l'ont réduit. Il vous pardonne cependant, si votre repentir est
sincère : il a ses pieds attachés pour
vous attendre, ses bras étendus pour
vous recevoir, son côté ouvert et son
cœur blessé pour répandre sur vous
toutes ses grâces, sa tête penchée pour
vous donner le baiser de paix et de

réconciliation. Accourons donc tous auprès de sa croix, et mourons pour lui, puisqu'il est mort pour nous. *Pater, Ave, Gloria, Miserere, etc.*

Le voilà donc, Mère affligée,
Ce tendre Fils, meurtri, sacrifié !
Notre victime est immolée,
Votre amour est crucifié.

Sancta Mater, etc.

XIIIe Station.

℣. Adoramus te, etc.

JÉSUS EST DÉPOSÉ DE LA CROIX ET REMIS
A SA MÈRE.

Considérons la douleur extrême de cette tendre Mère, après la mort de Jésus son divin Fils. Elle reçoit ce pieux dépôt entre ses bras, elle contemple son visage pâle, sanglant et défiguré ; elle voit ses yeux éteints, sa bouche fermée, son côté ouvert, ses mains et ses pieds percés. Cette vue est pour elle un martyre ineffable, et dont Dieu seul peut connaître tout le prix.

O Marie ! c'est nous qui sommes la cause de votre affliction, et ce sont nos péchés qui ont transpercé votre âme en attachant Jésus-Christ à la croix ! Daignez, ô Mère de miséricorde ! obtenir notre pardon, et nous permettre d'adorer dans vos bras notre amour crucifié. Imprimez tellement dans nos âmes les douleurs que vous ressentîtes au pied de la croix, que nous n'en perdions jamais le souvenir. *Pater, Ave, Gloria, Miserere, etc.*

> Près de cette tombe chérie,
> Je veux mourir de douleur et d'amour,
> Pour y puiser une autre vie,
> Et voler au divin séjour.

Sancta Mater, etc.

XIVᵉ Station.

℣. Adoramus te, etc.

JÉSUS EST MIS DANS LE SÉPULCRE.

Voici donc, ô Jésus, notre cher Rédempteur, voici donc où repose votre Corps adorable, le précieux gage de notre salut. Faites que notre plus grande consolation, dans cette vallée de larmes, soit de nous occuper des supplices et de la mort ignominieuse que vous avez endurés pour nous racheter. Et, parce que vous n'avez voulu être placé dans un sépulcre nouveau que pour nous faire connaître que c'était avec un nouveau cœur que nous devions nous approcher de vous dans le sacrement de votre amour, daignez nous purifier de toutes nos taches, et nous rendre dignes de nous asseoir souvent à votre sacré banquet. Ensevelissez dans ce même tombeau

toutes nos iniquités et nos convoi-
tises, afin que, mourant à nos passions et à toutes les choses d'ici-bas
pour mener avec vous une vie cachée
en Dieu, nous méritions de faire une
fin heureuse, et de vous contempler à
découvert dans la splendeur de votre
gloire. *Pater, Ave, Gloria, Miserere, etc.*

Seigneur, dans mon âme attendrie
Gravez les maux qu'on vous a fait souffrir ;
Et vous, ô divine Marie !
Hâtez-vous de nous secourir.

Sancta Mater, etc.

℣. Nous vous adorons, ô Jésus! et nous vous
bénissons.

℟. Parce que vous avez racheté le monde par
votre sainte croix.

℣. Priez pour nous, Vierge des douleurs ;

℟. Afin que nous soyons dignes des promesses
de Jésus-Christ.

℣. Seigneur, vous avez marqué votre serviteur saint François,

℟. Des signes de notre rédemption.

℣. Prions pour notre Pontife N.

℟. Que le Seigneur le conserve, le visite, le rende heureux sur la terre, et qu'il ne le livre pas à la puissance de ses ennemis.

℣. Prions pour les fidèles défunts.

℟. Seigneur, donnez-leur le repos éternel, et qu'ils soient éclairés de la lumière qui ne s'éteint jamais.

ORAISON.

Daignez, Seigneur, nous vous en conjurons, jeter un regard de miséricorde sur cette famille pour laquelle Jésus-Christ n'a pas hésité de se livrer entre les mains de ses bourreaux, et de subir le supplice de la croix.

O Jésus, Fils du Dieu vivant, qui, à la sixième heure, avez été attaché à la croix pour la rédemption du monde, et avez répandu votre Sang précieux pour la rémission de nos péchés, nous vous supplions en toute humilité, qu'après notre mort nous soyons admis dans le séjour de la gloire.

Que la bienheureuse Vierge Marie, votre Mère, dont la très-sainte âme fut percée d'un glaive de douleur au moment de votre passion, veuille bien intercéder pour nous maintenant et à l'heure de notre mort ; nous vous en supplions, ô Seigneur Jésus !

Mon Seigneur Jésus-Christ, qui, voyant le relâchement des chrétiens, et pour allumer dans nos cœurs le feu de votre divin amour, avez renouvelé les plaies de votre passion sur le corps du bienheureux saint François, accordez-nous, s'il vous plaît, par les mérites et les prières de ce grand Saint, la grâce de porter toujours notre croix, et de faire de dignes fruits de pénitence.

O Dieu tout-puissant et éternel ! ayez pitié de votre serviteur, notre Pontife N., et dirigez-le, selon votre clémence, dans la voie du salut éternel ; afin que, par vos dons, il fasse ce qui vous est agréable, et qu'il parvienne à la perfection des vertus.

O Dieu ! qui aimez à pardonner, et qui désirez le salut des hommes, nous supplions votre miséricorde, et nous vous prions, par l'intercession de Marie toujours vierge et de tous les Saints, de faire parvenir à la béatitude éternelle nos associés, nos frères, nos parents, nos amis,

nos bienfaiteurs défunts; nous vous en prions,
par Notre-Seigneur Jésus-Christ, qui vit et règne
avec vous dans les siècles des siècles.

Ainsi soit-il.

Pardonnez, Seigneur, pardonnez à votre peuple.

Ne soyez pas éternellement irrité contre nous.

Jésus, plein de miséricorde, donnez aux âmes
des fidèles trépassés le repos

Eternel.

BÉNÉDICTION.

℣ Que Notre-Seigneur Jésus-Christ, qui a été
flagellé pour nous, qui a porté sa croix, et qui
a été crucifié pour nous, nous bénisse tous.

℟. Ainsi soit-il.

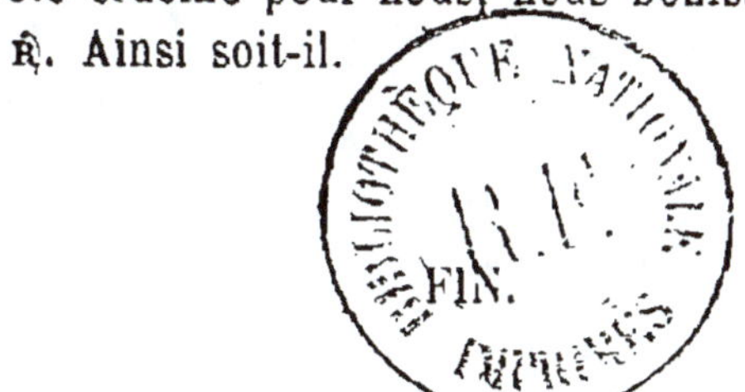

FIN.

TABLE DES MATIÈRES.

FIN DE LA TABLE.

BAR LE-DUC. — TYP. DES CÉLESTINS. — BERTRAND.

9 782329 054957